Empfohlen vom
| naturschutzbund |
Österreich

Sigrun Eder
Gottlieb Eder

BAND 1 MALEN
SOWAS!

AUSMALSPASS + WISSEN

Fantatiere

Malbuch ab 6 Jahre

Hufeisenfledermaus

Ohrenqualle

Waschbär

Artenvielfalt artgerecht erkunden
für die ganze Familie

edition riedenburg

Bibliografische Information der Deutschen Nationalbibliothek
Die Deutsche Nationalbibliothek verzeichnet diese Publikation in der Deutschen
Nationalbibliografie; detaillierte bibliografische Daten sind im Internet über
http://dnb.d-nb.de abrufbar.

Markenschutz
Dieses Buch enthält eingetragene Warenzeichen, Handelsnamen und Gebrauchsmarken. Wenn diese nicht als solche gekennzeichnet sein sollten, so gelten trotzdem die entsprechenden Bestimmungen.

Besonderer Hinweis
Das Werk einschließlich aller seiner Teile ist urheberrechtlich geschützt. Jede Verwertung außerhalb der Bestimmungen des Urheberrechtsgesetzes ist ohne schriftliche Zustimmung des Verlags unzulässig und strafbar. Dies gilt insbesondere für Vervielfältigungen, Übersetzungen, Mikroverfilmungen und die Einspeicherung und Verarbeitung in elektronischen Systemen.
Das vorliegende Buch wurde sorgfältig erarbeitet. Dennoch erfolgen alle Angaben ohne Gewähr. Weder Autoren noch Verlag können für eventuelle Nachteile oder Schäden, die aus den im Buch vorliegenden Informationen resultieren, eine Haftung übernehmen. Eine Haftung der Autoren bzw. des Verlags und seiner Beauftragten für Personen-, Sach- und Vermögensschäden ist ebenfalls ausgeschlossen.

1. Auflage	Oktober 2019
© 2019	edition riedenburg
Verlagsanschrift	Anton-Hochmuth-Straße 8, 5020 Salzburg, Österreich
Internet	www.editionriedenburg.at
E-Mail	verlag@editionriedenburg.at
Cover	Weltkugel © TheModernCanvas – fotolia.com
Lektorat	Dr. phil. Heike Wolter, Regensburg
Satz und Layout	edition riedenburg
Herstellung	Books on Demand GmbH, Norderstedt

ISBN 978-3-99082-032-2

 # Inhalt

Hallo du! — 7

Hohltiere — 8
Ohrenqualle — 8
Seeanemone — 9
Weichkoralle — 9

Weichtiere — 10
Posthornschnecke — 10
Tintenfisch — 11

Gliederfüßer: Insekten — 12
Gottesanbeterin — 12
Heupferdchen — 13
Hirschkäfer — 14
Landkärtchen — 15
Palmendieb — 16
Raupe Vielfraß — 17
Signalkrebs — 18

Wirbeltiere: Fische — 19
Buckellachs — 19
Katzenwels — 20
Kugelfisch — 21
Napoleonfisch — 22
Quastenflosser — 23
Schwertfisch — 24
Seepferdchen — 25
Stierkopfhai — 26
Teufelsrochen — 27

Wirbeltiere: Lurche
Pfeilgiftfrosch 28

Wirbeltiere: Kriechtiere
Bartagame 29
Blindschleiche 30
Brillenkaiman 31
Feuersalamander 32
Kreuzotter 33

Vögel
Fischreiher 34
Haubentaucher 35
Helmkasuar 36
Jagdfasan 36
Löffler 37
Schleiereule 37
Suppenhuhn 38
Trompetenschwan 38
Zaunkönig 39

Pinguine
Kaiserpinguin 40

Säugetiere
Eisbär 42
Fledermaushund 43
Gürteltier 43
Hufeisenfledermaus 44
Nasenaffe 44
Panzernashorn 45
Ringelrobbe 46
Schraubenziegenbock 46
Seekuh 47

28
29
34
40
42

Tanzbär	48
Löwe-Tiger	48
Walross	49
Warzenschwein	50
Waschbär	51
Zirkuselefant	52

Fantasiewesen 53
Dreihorn	53
Gänseblümchengans	54
Pegasus	55
Schneeschuhhuhn	56
Uhrforelle	57
Wollmilchschwein	58
Meine eigenen Fantatiere	59

Pilze 64
Fliegenpilz	64
Satanspilz	64

Pflanzen 65
Ackerschachtelhalm	65
Frauenschuh	65
Glockenblume	66
Hirschzunge	66
Krebsschere	67
Löwenzahn	67
Schlüsselblume	68
Sibirische Schwertlilie	68
Sonnentau	69

Malvorlagen 70

Hallo du!

Ich möchte dich in diesem besonderen Malbuch ganz herzlich begrüßen! Da fällt mir ein – streng genommen geht das ja gar nicht. Ich habe nämlich in der Steinzeit gelebt und bin daher schon längst ausgestorben. Trotzdem kennt man mich und meine langen, gebogenen Zähne bis heute. Sie waren gekrümmt wie ein Säbel! Rarrrrr!

Möchtest du wissen, welche erstaunlichen Fähigkeiten heutige Tiere besitzen? Du wirst es auf spannende Art und Weise erfahren. Die meisten Planetenbewohner in diesem Malbuch sind nämlich tatsächlich so gezeichnet, wie sie heißen. So werden sie zu fantastischen Fantatieren mit Brille, Ohren, Steigbügel und vielen anderen lustigen Details. Schau genau! Als Naturforscher schärfst du mit uns ganz automatisch dein Wissen zur Umwelt. Denn bebilderte Steckbriefe verraten dir das Wichtigste in Kürze. Auf diese Weise kannst du die reiche Artenvielfalt unserer schönen Mutter Erde einfach erkunden.

Entscheide selbst, wen von uns du jetzt gleich oder erst ein wenig später ausmalen möchtest. Die Ausmalseiten mit leerer Rückseite findest du hinten im Buch. Schnapp dir deine Stifte und leg los! Deine bunten Kunstwerke kannst du ausschneiden, zum Basteln verwenden oder sogar verschenken.

Viel Spaß dabei wünscht dir dein
Tiger mit dem Säbelzahn

PS: Einige fantastische Pflanzen wollten unbedingt auch mit ins Buch. Du findest die Fantapflanzen im Anschluss an die Fantatiere. Und dann gibt es da noch einen ganz speziellen Überraschungsgast ...

Hohltiere

Ohrenqualle

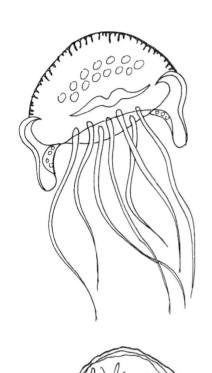

Meine Geschlechtsorgane leuchten wie zwei Ohren durch den Schirm. Ohne Anstrengung treibe ich gerne mit der Strömung im Meer, obwohl ich durch das Zusammenziehen des Schirmes langsam schwimmen kann. Mit den Nesselzellen auf meinen langen Tentakeln lähme ich meine Beute. Für Menschen bin ich völlig harmlos. Aber es gibt auch Verwandte weit draußen im Meer, wie die Feuerqualle, die Portugiesische Galeere oder gar Würfelquallen, die sehr giftig sind.

Die Überfischung der Meere, das Einbringen von Nährstoffen und die Klimaerwärmung sind ganz nach meinem Geschmack, so kann ich mich massenhaft vermehren und den Menschen das Badevergnügen in Buchten verleiden.

→ Ausmalbild auf Seite 71

Ich bin die Portugiesische Galeere. Meine bläulich-violetten Tentakel sind mit giftigen Nesselzellen besetzt. Sie können bis zu 50 Meter lang werden.

Seeanemone

Ich gehöre zu den Blumentieren. Die Menschen bezeichnen mich auch als Seerose oder Seenelke. Als Einzelgänger suche ich mir meinen Wohlfühlplatz selbst aus. Mit meiner Fußscheibe kann ich mich nämlich im Schneckentempo fortbewegen. Clownfische, Spinnenkrabben oder Partnergarnelen suchen extrem schnell zwischen meinen Tentakeln Schutz vor Fressfeinden. Die Nesselzellen meiner Tentakel tun ihnen nicht weh, weil sie ihre angepasste Schleimhaut vor Verätzungen bewahrt. In Meeresaquarien bin ich ein sehr begehrter Hingucker. Meine Tentakel wehen so elegant in der Strömung!

→ Ausmalbild auf Seite 73

Weichkoralle

Ich bin ein Polyp und mag es, in einer großen Tierkolonie an einem Ort zu leben. Die Menschen halten mich und die anderen in der Kolonie für Blumen, weil wir in so bunten Farben und außergewöhnlichen Wuchsformen vorkommen. Meine Verwandten, die Steinkorallen, besitzen ein festes Skelett aus Kalk: Es ist so hart wie die Häuser der Menschen aus Beton. Ich dagegen bin geschmeidig und kann mich zusammenziehen, strecken oder gar in eine bestimmte Richtung recken. Wie die anderen Blumentiere liebe ich das warme Wasser der tropischen Meere. Im sonnendurchfluteten Flachwasser bilde ich mit den einzelligen Algen eine Lebensgemeinschaft.

→ Ausmalbild auf Seite 75

Weichtiere

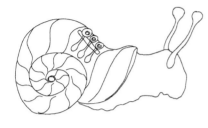

Posthornschnecke

Biologen zählen mich zu den Wasserlungenschnecken. Ich bin langsam und unauffällig unterwegs. Meine Lunge vollbringt ein Wunder: Sie kann normale Luft und sogar das Süßwasser zur Atmung nutzen. Allerdings atme ich hauptsächlich über meine Haut.

Ich bin in der Tat ein ungewöhnliches Tier, ich bin nämlich ein Zwitter. Weibchen und Männchen zugleich! Algen, abgestorbene Pflanzenteile oder Aas rasple ich genüsslich mit meiner Reib- und Raspelzunge ab. Bevor das Eis im Winter die ruhigen Gewässer verschließt, verstecke ich mich im Schlamm.

→ Ausmalbild auf Seite 77

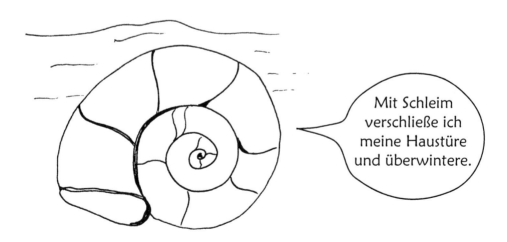

Mit Schleim verschließe ich meine Haustüre und überwintere.

Tintenfisch

Mein Name ist völlig falsch. Ich habe weder Knochen noch Gräten und bin auch kein Fisch. Ich gehöre nämlich zu den Kopffüßlern und bin ein Krake mit einem weichen Körper und Saugnäpfen an meinen acht Beinen. Kommt mir ein Räuber gefährlich nahe, entleere ich blitzschnell meinen Beutel. Der Angreifer ist dann verwirrt und ich flüchte in ein sicheres Versteck.

Nach einem raschen Farbwechsel schaue ich wie die Umgebung aus, denn ich beherrsche ausgezeichnet das Tarnen und Täuschen. Deshalb zähle ich unter den Weichtieren zu den schlauesten. Ohne Unterricht in einer Tintenfischschule kann ich sogar Schraubverschlüsse von Dosen öffnen oder finde auch rasch aus einem Unterwasserirrgarten hinaus.

→ Ausmalbild auf Seite 79

Hier entleere ich gerade meinen Beutel. Wie bei einem Raketenrückstoß kann ich rasch vor Feinden flüchten.

Gliederfüßer: Insekten

Gottesanbeterin

Im Ruhezustand halte ich meine Fangarme eingeklappt. Es schaut so aus, als ob ich um Beute beten würde. Am auffallenden dreieckigen Kopf sitzen meine Facettenaugen. Regt sich in meiner Reichweite etwas Fressbares, dann schleudere ich blitzschnell meine Fangarme dem Tier entgegen. Es gibt kein Entkommen, weil meine Waffe zusätzlich mit vielen Dornen bestückt ist.

Bei der Paarung müssen sich die kleineren Männer vor mir hüten. Ist mein Auserwählter nicht vorsichtig und flink genug, dann beiße ich ihn bei lebendigem Leibe in Stücke.

Meine Zeit ist begrenzt, ich werde den Winter nicht überleben. Doch aus meinen befruchteten Eiern, die durch eine Art Schaum geschützt sind, schlüpfen im Frühjahr meine Nachkommen. Nach der ersten Häutung fressen sie sich durch die Kolonien der Blattläuse.

→ Ausmalbild auf Seite 81

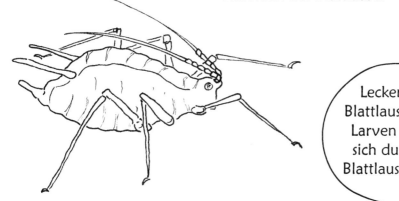

Lecker, eine Blattlaus! Meine Larven fressen sich durch die Blattlauskolonie.

Heupferdchen

Ich liebe windgeschützte, warme und trockene Landschaften. Ausgeräumte Flächen behagen mir nicht. Dort kann ich mich als grünes Heupferdchen nicht verstecken, Futter suchen und geschützt Nachwuchs in die Welt setzen.

Mein Lieblingsessen sind weiche Pflanzen, aber ich jage auch kleine Insekten. Immer wieder mal esse ich meine eigenen Artgenossen auf, wenn sie verletzt sind. Meine Vorderflügel sind so gebaut, dass ich sie gegeneinander reiben und somit schwirrende Geräusche erzeugen kann. Damit locke ich die stummen Weibchen an.

Fürchte dich nicht vor unseren Weibchen, sie haben keinen gefährlichen Giftstachel, es ist nur eine Legeröhre für unsere Kinder. Falls mich ein Fressfeind überfallen will, schnelle ich mit meinen kräftigen Hinterbeinen weit in die Luft oder flattere eine kurze Strecke.

→ Ausmalbild auf Seite 83

Leider hat mich eine Meise mit ihrem spitzen Schnabel erwischt.

Hirschkäfer

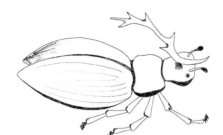

Ich bin ein Gigant. Ein wirklicher Riese unter den Käfern. Auch ich bin als Winzling aus dem Ei geschlüpft. Viele Jahre lang verbringe ich als Larve – ähnlich den Engerlingen der bekannten Maikäfer – mein Leben in morschen Wurzelstöcken oder Totholz. Fressen und Wachsen sind meine Bestimmung.

Sobald ich länger als dein Zeigefinger bin, ziehe ich mich zur Verpuppung zurück. Während dieser Zeit vollzieht sich ein Wunder: Ich verwandle mich von der gefräßigen Larve zum prächtigen Käfer. Den ersten Winter verbringe ich noch steif und starr im Boden. Die Sonnenstrahlen im Frühjahr locken mich ans Licht.

Mit meinem gewaltigen Oberkiefer – einem Hirschgeweih vergleichbar – mache ich mich auf Brautschau. Mit meinem Kiefer kann ich gegen die anderen Männchen kämpfen und, wenn ich gewinne, mich mit den kleineren Weibchen paaren.

→ Ausmalbild auf Seite 85

Ich schaue so aus wie Engerlinge der Maikäfer.

Landkärtchen

Eigentlich bin ich nicht besonders groß, trotzdem gehöre ich zur Familie der Edelfalter. Zeitig im Frühjahr sind meine Flügel mit braun-orangen Schuppen bedeckt. Meine im Sommer geborenen Artgenossen und ich fallen durch die schwarze Grundfarbe mit den schmucken weißen Bandmustern auf.

Wir sehen wie zwei verschiedene Schmetterlingsarten aus. Die Schmetterlingsforscher behaupten, dass Tageslichtdauer und Wärme unser unterschiedliches Farbmuster bestimmen.

Bevor ich zum Schmetterling geworden bin, hat meine Mama auf der Unterseite der Brennnessel ihre Ei-Pakete abgelegt. Sie weiß genau, welche Futterpflanze mir schmeckt! Ich hatte Glück und weder Vögel, Tausendfüßler, Spinnen noch Raubwanzen haben mich erwischt. Auch die Menschen haben meine Brennnessel stehen gelassen. Während der sogenannten Puppenruhe vollzieht sich meine wundersame Verwandlung.

→ Ausmalbild auf Seite 87

Mein Nachwuchs entwickelt sich aus den angehefteten Eiertürmchen.

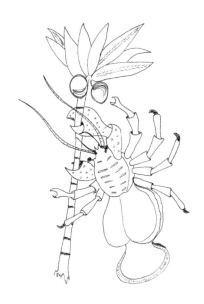

Palmendieb

Ich bin der berühmte Kokosnussräuber oder eben der Palmendieb. Hast du schon einmal versucht, mit deinen bloßen Händen eine Kokosnuss zu öffnen? Wetten, das schaffst du nie! Ich aber habe zehn Beinpaare, und mit den kräftigen Scheren auf den ersten Beinpaaren knacke ich jede Kokosnuss mit links. Schließlich bin ich der größte und stärkste Zehnfußkrebs, der als Erwachsener auf dem Lande lebt.

Grelles Sonnenlicht mag ich nicht. Deshalb döse ich tagsüber gut versteckt vor Feinden in Felsspalten oder Höhlen. Während der kühleren Nachstunden schreite ich am Meeresstrand entlang und suche nach Nahrung: Früchte, angeschwemmte Pflanzen oder verendete Tiere schmecken mir ausgezeichnet.

Geschickt klettere ich auch auf hohe Palmen. Dort versuche ich, eine Nuss zu lockern. Wieder auf dem sicheren Boden öffne ich mit etwas Anstrengung die Schale und hole mir mit den kleineren Scheren das Fruchtfleisch heraus.

→ Ausmalbild auf Seite 89

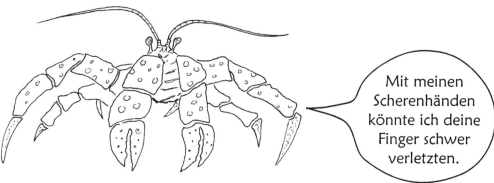

Mit meinen Scherenhänden könnte ich deine Finger schwer verletzten.

Raupe Vielfraß

Viele Menschen ekeln sich vor mir, weil ich wie ein Wurm mit Borsten aussehe. Ich beiße weder, noch bin ich giftig oder übertrage Krankheiten. Kaum aus dem Ei geschlüpft, beginne ich mit der Fressorgie. In wenigen Wochen vermehre ich so mein Geburtsgewicht um das Tausendfache.

Bis ich ausgewachsen bin, häute ich mich mehrmals. Dabei winde ich mich mit neuer Haut aus der zu eng gewordenen Hülle heraus. Damit ich beim Fressen nicht den Halt verliere, hat mir die Natur, neben den drei Paar echten Füßchen, auch noch vier Scheinfüßchen und einen Nachschieber geschenkt.

Nach der Verwandlung zum Schmetterling ist es mit der Völlerei jedoch vorbei. Als Schmetterling faste ich viel oder nasche mit meinem langen Rüssel nur Säfte.

→ Ausmalbild auf Seite 91

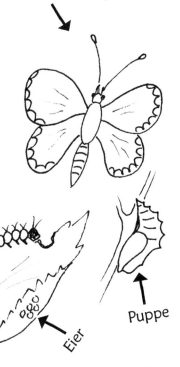

Fressen, Verdauen und Ausscheiden sind mein Lebenszweck.

Signalkrebs

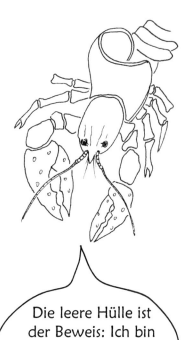

Die leere Hülle ist der Beweis: Ich bin gerade aus meinem alten Panzer geschlüpft.

In meinem wirklichen Leben trage ich weder eine Signalweste noch schleppe ich eine Fahne mit mir umher. Aber aufgrund des hellblauen Fleckes zwischen meinem großen Scherenglied (vergleichbar der Stelle zwischen Daumen und Zeigefinger) bin ich unverwechselbar.

Ich bin weit gereist. Ich stamme nämlich aus Nordamerika. Ahnungslos haben mich die Menschen auch in Österreich ausgesetzt. Häufig leide ich unter einer Pilzerkrankung, aber sie bringt mich wegen meines harten Panzers nicht um. Für die heimischen Edelkrebsbestände verläuft meine Erkrankung jedoch tödlich. Innerhalb weniger Wochen sind sie fast ausgerottet.

Lebensgefährlich ist für mich der Panzerwechsel. Das Abstreifen braucht seine Zeit und ich kann meine kräftigen Scheren dann nicht zur Verteidigung einsetzen. Geschützt vor räuberischen Fischen verkrieche ich mich in Höhlen oder unter Steinen. Nach dem Panzerwechsel ist mein Körper tagelang butterweich. Die Menschen bezeichnen mich nach der Häutung als Butterkrebs. Erst nach dem Aushärten schreite ich in den Nachtstunden wieder auf Futtersuche.

Ich bin ein Allesfresser. Der Panzerwechsel macht mich nicht nur jedes Mal größer, sondern ich kann auch verlorene Gliedmaßen wieder nachbilden.

→ Ausmalbild auf Seite 93

Wirbeltiere: Fische

Buckellachs

Ich bin die kleinste Lachsart. Etwa zwei Jahre lang schwimme ich im Pazifik, fresse und wachse. Dann erfasst mich gemeinsam mit den anderen Buckellachsen im Schwarm ein mächtiges Gefühl: Es zieht uns zurück in unsere Geburtsgewässer und wir wollen Hochzeit halten.

Das Meer ist groß, doch wir spüren das Magnetfeld der Erde und finden so die richtigen Flussmündungen an der Küste. Der Weg ist gefährlich, da wir Fangnetzen und auf uns lauernden Lachshaien und Seelöwen entwischen müssen. Es dauert eine Weile, bis sich unsere Kiemen auf das Süßwasser einstellen und wir die Laichwanderung fortsetzen.

Die Hormone verändern unseren Körper. Uns Männern wächst ein gewaltiger Buckel. Die Kiefer verformen sich zu einem wilden Geierschnabel und auch unser Schuppenkleid wechselt zu einem Hochzeitskleid. Je stärker unsere Rückenflosse in die Höhe wächst, desto anziehender finden uns die Frauen. Sobald uns die Flut in die Flüsse schiebt, treibt es uns unaufhaltsam vorwärts. Unsere Nase riecht den Geschmack des Gewässers und wir schwimmen zum Geburtsort. Nachdem die Weibchen die befruchteten Eier abgelegt haben, sterben wir. Unser Tod ist die Lebensgrundlage für den Nachwuchs, der aus den Eiern schlüpft.

→ Ausmalbild auf Seite 95

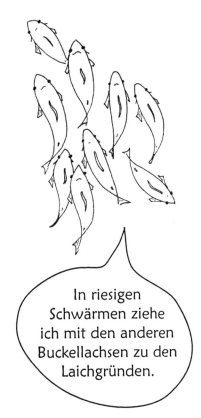

Katzenwels

Im englischen Sprachraum werde ich auch „catfish" genannt. Die größten meiner Verwandten schaffen locker die Länge von zwei Metern. Aber ich bin klein, so klein wie der Fuß eines jungen Menschen. Ich habe keine Schuppen, glatt und schleimig ist meine Haut. Am breiten Kopf trage ich acht Barteln um das Maul. Diese Bartfäden sind mein Tastorgan. Sie helfen mir, am trüben Gewässerboden die Beute aufzuspüren. Außerdem kann ich mit den Barteln – wie du mit deiner Zunge – schmecken.

Als Männchen kümmere ich mich sogar um die Brutpflege, indem ich die gelegten Eier bewache und heldenhaft gegenüber großen Räubern verteidige. Später vergessen wir schon einmal aufs Aufpassen und fressen unseren eigenen Nachwuchs.

→ Ausmalbild auf Seite 97

Ich bin ein Laichräuber und fresse Eier und kleine Fische.

Kugelfisch

Unter meinen Verwandten gibt es den „Erbsenkugelfisch" – der etwa so groß ist wie dein Fingernagel –, den „Riesenkugelfisch" mit etwa einem Meter Körperlänge und mich. Ich selbst liege größenmäßig in der Mitte und mag es, mich gemächlich im Meerwasser zu bewegen.

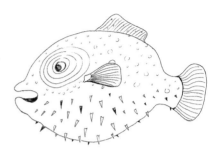

Ich beherrsche meinen Flossenschlag und kann in alle Richtungen schwimmen, auch rückwärts. Sobald Gefahr droht, schlucke ich rasch eine Menge Wasser. Dann füllt sich mein Magen und ich pumpe mich zur Kugel auf. Auch meine vielen Hautstacheln – die beim Schwimmen flach anliegen – spreizen sich in gefährlichen Situationen wie bei einem Igel.

Ich habe ein kräftiges Gebiss. Ärgert mich ein Taucher, könnte ich ihm sogar einen Finger abbeißen. Meine Haut und anderen Organe sind auch giftig. Möchte mich ein besonders großer Räuber schlucken, pumpe ich mich in seinem Maul ganz kugelig auf. Blöd ist, wenn er mich zu spät ausspuckt, dann müssen wir nämlich beide sterben.

→ Ausmalbild auf Seite 99

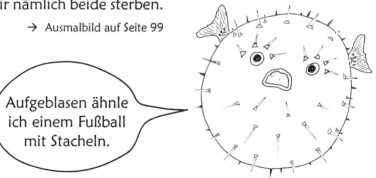

Aufgeblasen ähnle ich einem Fußball mit Stacheln.

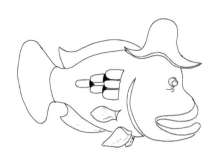

Napoleonfisch

Ich gehöre zur Familie der Lippfische. Meine wulstigen Lippen kann ich geschickt wie einen kleinen Rüssel bewegen.

Ich bin ein Einzelgänger und verbringe die Nacht geschützt zwischen den Korallenstöcken. Mein Lieblingsessen sind maulgerechte Fische, Schnecken und Krebstiere. Ich kann sogar giftige Tiere essen, ohne dass mir etwas passiert.

Mein hoher Kopfbuckel schaut nur sehr gefährlich aus. Ich bin ein neugieriger Fisch und Taucher stören mich nicht. Oft verwöhnen sie mich gar mit Hühnereiern als Leckerbissen. Blitzschnell reiße ich meine breiten Lippen auf und die Eier verschwinden im Maul. Wenig später spucke ich die zerdrückten Schalen aus.

Ich bin eine Besonderheit und stehe auf der roten Liste der vom Aussterben bedrohten Tiere.

→ Ausmalbild auf Seite 101

Ausgewachsen bin ich größer als ein fettes Landschwein.

Quastenflosser

Viele Jahrhunderte lang haben mich Wissenschaftler nur als Fossil, also versteinert gefunden. Sie haben herausgefunden, dass ich bereits vor rund 400 Millionen Jahren im Urmeer geschwommen bin. Unklar ist ihnen, wieso ich mich nur im Wasser und nicht am Land fortbewegt habe. Es wird vermutet, dass dies mit meinem eigenartigen Flossenskelett zu tun hat.

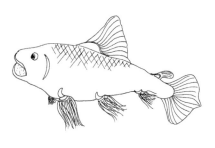

1938 landete ich in einem Fischernetz vor der Küste Südafrikas und sorgte für Erstaunen. Meine mächtigen Schuppen, die fleischigen Flossen und der kräftige Unterkiefer haben ganz schön Eindruck gemacht! Durch mich wussten alle endgültig, dass meine Art nicht mit den Dinosauriern ausgestorben ist.

Ich bin ein sogenanntes „Brückentier", weil ich als lebendes Fossil berühmt geworden bin.

→ Ausmalbild auf Seite 103

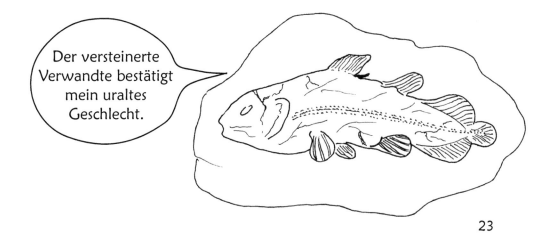

Der versteinerte Verwandte bestätigt mein uraltes Geschlecht.

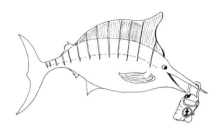

Schwertfisch

Schwarmfische wie Makrelen, Heringe oder Tintenfische schmecken mir vorzüglich. Leider finden auch die Menschen Geschmack an meinem Fleisch und stellen mir mit Langleinen oder Netzen nach.

Gewöhnlich bin ich als Einzelgänger in der Weite des Meeres unterwegs. Ich muss aufpassen, damit es mir nicht so ergeht wie meinen Verwandten, die zu oft von Fangflotten erwischt werden. Es ist gar nicht mehr so einfach für mich, im großen Meer Geschlechtspartner zu finden. Meine Art ist vom Aussterben bedroht. Der Plastikmüll im Meer macht mich ganz krank.

Der Gepard ist das schnellste Raubtier an Land. Ich bin ihm im Wasser ebenbürtig. Damit ich die Reibung und Tempoverluste verringern kann, schmiert mich eine Drüse am Kopf mit einer öligen Flüssigkeit ein. Mein langes Schwert ist eine Verlängerung des Oberkiefers und nicht sehr hilfreich beim Jagen von Fischen. Allerdings kann ich mich damit gegen lästige Haie und andere Räuber ausgezeichnet verteidigen.

Mit zirkusreifen Sprüngen schnelle ich aus dem Wasser.

Sportfischer sind ganz verrückt nach mir und meinen Verwandten. Sie finden Gefallen an unserer hohen Geschwindigkeit und den wilden Sprüngen, wenn wir an der Leine um unser Leben kämpfen. Die meisten von uns sterben, weil Sportfischer das Schwert als Trophäe besitzen wollen.

→ Ausmalbild auf Seite 105

Seepferdchen

Die Menschen sind von meinem Aussehen ganz verwundert. Mein Kopf gleicht einem Pferdeschädel und mein Bauch ähnelt dem einer schwangeren Frau. Einem Drachenflügel ähnlich ist meine Rückenflosse und mein Schwanz sieht aus wie ein dicker Regenwurm. Trotzdem bin ich ein Fisch und atme mit Kiemen.

Nach der Paarung verwahren die Männchen die befruchteten Eier in ihrer Bauchtasche. Ich habe keine Zähnchen, denn ich benötige auch keine. Mit meiner langen Schnauze erzeuge ich blitzschnell einen Sog. Damit sauge ich Nahrung und Wasser in mein Maul.

Ich stehe bei vielen Fischen auf dem Speiseplan. Um nicht aufzufallen, bewege ich mich kaum. Ich halte mich am liebsten mit dem Schwanz im Seegras oder bei Korallen fest und bin gespannt, welche Nahrung mir einfach so vor mein Maul getrieben wird.

→ Ausmalbild auf Seite 107

Gerne halte ich mich mit meinem Schwanz an Wasserpflanzen fest.

Stierkopfhai

Der Atlantik ist mir viel zu kalt. Ich halte mich bevorzugt in warmen und tropischen Meeren auf. Mein bulliger Schädel, die auffälligen Augenwülste und die abgerundete Schnauze waren bestimmt der Grund für meinen Rindviehnamen.

Ich bin etwas kurz geraten und ein äußerst gemütlicher Grundfisch. Am Meeresboden stöbere ich die langsamen Seeigel, Seesterne, Schnecken und Muscheln auf. Für mich ist es mit meinen paarigen Brust- und Bauchflossen viel bequemer, über den Boden zu grundeln als zu schwimmen.

→ Ausmalbild auf Seite 109

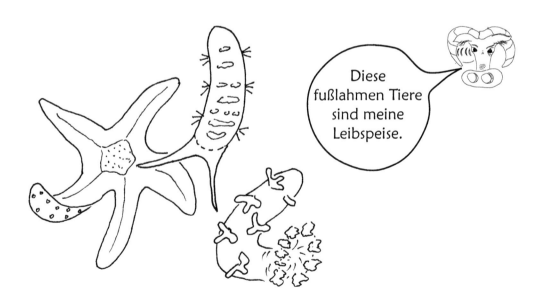

Diese fußlahmen Tiere sind meine Leibspeise.

Teufelsrochen

Fledermäuse flattern lautlos durch die Lüfte. Ich bin ein Manta und schwebe mit einem wellenförmigen Flossenschlag geräuschlos durch das Wasser.

Ich ernähre mich von winzigen Tierchen, die durch die Strömung zu mir getrieben werden. Kübelweise schlucke ich diese Nährsuppe. Eine Art Maulsieb fischt alles Fressbare heraus, das Salzwasser spucke ich wieder aus.

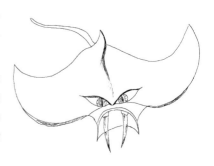

Meine Haut ist von lästigen Parasiten übersät. Als ungebetene Gäste fressen sie meine Körperzellen oder saugen mein Blut. Ich versuche, sie abzuschütteln, indem ich immer wieder mit einem gewaltigen Satz aus dem Wasser springe. Anschließend klatsche ich heftig an der Oberfläche auf. Putzerfische zählen zu meinen Begleitern. Sie saugen sich unter den Flügelflossen fest und ernähren sich von meinen Quälgeistern. Davon profitieren wir wechselseitig. Ich versorge sie mit Futter und werde zum Dank fast blitzeblank geputzt.

Vor meinen Augen ragen sehr bewegliche Kopfflossen in die Schwimmrichtung. Mein peitschenförmiger Schwanz und die Hautlappen am Kopf haben die Seeleute von früher gehörig in Angst und Schrecken versetzt, sodass es viele Schauergeschichten über mich und meine Ahnen gibt.

→ Ausmalbild auf Seite 111

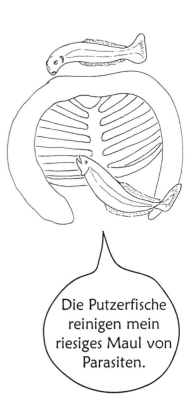

Die Putzerfische reinigen mein riesiges Maul von Parasiten.

Wirbeltiere: Lurche

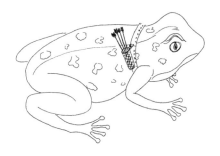

Pfeilgiftfrosch

Ich bin klein, bunt wie ein Paradiesvogel und äußerst giftig. Meine poppige Farbe ist eine Warnung an alle Fressfeinde und bedeutet: „Rückt mir nicht zu nahe, sonst ergeht es euch übel."

Ich muss bestimmte giftige Ameisen und Käfer fressen, damit mein Körper das Gift aufbauen kann. Mit meiner ungesunden Nahrung habe ich selbst kein Problem, denn nach der Verdauung scheide ich das gefährliche Gift über meine Haut aus. Es ist für mich ein großer Schutzmantel. Lästige Schmarotzer, Pilze oder lebensbedrohliche Bakterien haben keine Chance auf meiner feuchten Gifthaut.

Regenwaldbewohner verwenden mein Gift, um ihre Pfeilspitzen zu bestreichen. Mit dem lautlosen Blasrohr als Jagdwaffe betäuben sie Vögel, Affen und anderes Getier. Auch die Forscher haben mich auf dem Radar. Sie wollen wissen, ob das Gift nicht als Wundermittel gegen bestimmte Krankheiten eingesetzt werden kann.

→ Ausmalbild auf Seite 113

Hier siehst du, was ich alles fressen muss, damit ich eine giftige Haut bekomme.

Wirbeltiere: Kriechtiere

Bartagame

Ich bin eine Bartagame und gehöre zu den Schuppenkriechtieren. Meine Heimat ist Australien. Während der kalten Jahreszeit sinkt meine Betriebstemperatur. Obwohl ich ein Allesfresser bin, wird es dann schwierig für mich, genügend Insekten zu erbeuten. Deshalb vergrabe ich mich gerne im Sand und falle in eine Art Winterruhe.

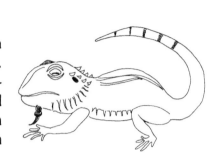

Mein ganzer Körper ist mit vielen Stachelreihen besetzt. Hätte ich dazu noch Flügel, würde mich jedes Kind für einen Minidrachen halten. Eine Besonderheit von mir ist, dass ich ohne Ohren geboren werde. Mein Trommelfell liegt frei und ungeschützt im Inneren meines Kopfes.

Meine nachgezüchteten Verwandten gelten als interessante Haustiere. Eine Wärmelampe macht das Leben im eher engen Terrarium einigermaßen gemütlich. Mehlwürmer und Grillen stehen zu Hause auf dem Speiseplan.

→ Ausmalbild auf Seite 115

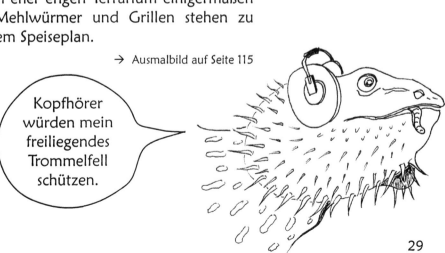

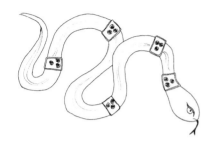

Blindschleiche

Hör zu: Ich bin gar keine Schlange und deshalb überhaupt nicht gefährlich. Ich bin nur eine Echse, aber ohne Beine.

Schau mir doch mal in die Augen. Dann wirst du nämlich sehen, dass ich nicht blind bin. Im Gegensatz zu den Schlangen besitze ich ein Augenlid und kann sogar blinzeln.

Zahlreiche Feinde stellen mir nach: Vögel, Marder, Füchse und Katzen. Traktoren erwischen meine Verwandten bei Mäharbeiten, und Autos sind schuld, wenn wir zerquetscht auf der Straße liegen.

Deshalb lebe und jage ich gerne im Verborgenen. Mein braunes Schuppenkleid ist sehr unauffällig. Einmal in Lebensgefahr, kann ich auch meinen Schwanz abwerfen. Leider wächst er nicht mehr nach wie bei den Eidechsen mit Beinen. Er verheilt nur zu einem Stumpf. Kein Problem, ich bin nicht eitel.

→ Ausmalbild auf Seite 117

Jede Wegüberquerung birgt tödliche Gefahren.

Brillenkaiman

Ich lebe in Mittelamerika. Eine Hornleiste verbindet meine Augenhöcker. Dieser Kopfschmuck, der wie der Steg einer Brille aussieht, war wohl mein Namensgeber.

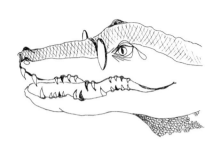

Tagsüber lasse ich mir faul die Sonne auf den Panzer brennen oder döse im Wasser. Während der Nachtstunden jage ich meine Beute: Fische, Wasservögel oder auch mal kleinere Verwandte. Falls nötig, kann ich sogar zwei Monde lang fasten.

Zur Brutpflege baue ich mir einen Hügel aus lockerer Erde und faulen Pflanzen. Einem Komposthaufen gleich erzeugt er Wärme und brütet meine befruchteten Eier aus. Ich verzichte auf das Fressen und bewache das Nest. Kurz vor dem Schlüpfen höre ich die Rufe meiner Kinder. Ich lege die Eier vorsichtig frei und helfe den Babys aus der Eischale. Trotz meiner kräftigen Kiefer und den starken Zähnen trage ich meine Jungen vorsichtig im Maul zum Wasser und setze sie dort aus.

→ Ausmalbild auf Seite 119

Eng geht es zu, wenn man in einem Ei wächst.

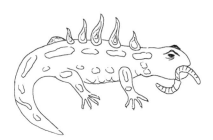

Feuersalamander

Meine glatte und tiefschwarze Haut ist durch die zahlreichen gelben Flecken unverwechselbar und wirkt wie eine Warnweste. Viele kleine Drüsen auf meinem Rücken sondern ein Gift ab. Für meine Feinde fühlt es sich unangenehm an, für euch Menschen ist es bloß ein schwaches Brennen auf der Haut.

In manchen Gegenden nennt mich der Volksmund „Regenmandl". Dieser lustige Name hat mit der Beobachtung zu tun, dass ich das Sonnenlicht meide. Ich genieße meine Pirsch, wenn es regnet oder der Boden noch recht nass ist.

Als Amphibie bringe ich meinen Nachwuchs im Wasser zur Welt. Mit Kiemenbüscheln, die sich an beiden Seiten des Kopfes befinden, nehmen meine Babys den lebensnotwendigen Sauerstoff auf. Nach einigen Monaten, die kleine Feuersalamander wie Fische im Wasser verbringen, verschwinden allmählich die Kiemen. Eine Lunge entwickelt sich. Sie krabbeln an Land und atmen nur noch Luft.

→ Ausmalbild auf Seite 121

Ich bin die Larve des Feuersalamanders. Im Wasser brauche ich die Kiemenbüschel, um zu überleben.

Kreuzotter

Sehr unterschiedlich ist die Grundfarbe unseres Schuppenkleides. Aber das Zickzack-Band auf dem Rücken soll dir zeigen, dass wir giftig sind.

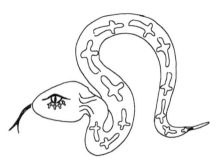

Wir Ottern sind scheue Tiere. Wir spüren die Tritte am Boden und verschwinden rasch unter Steinen oder im dichten Buschwerk.

Wenn du meine senkrecht geschlitzten Pupillen aus nächster Nähe siehst, ist es oft schon zu spät. Du hast dich angeschlichen, mich überrascht und den Respektabstand überschritten. Ich kann nicht mehr flüchten. In Notwehr zische ich zur Warnung, reiße mein Maul auf und schlage dir meine zwei Giftzähne blitzschnell ins Fleisch.

Mein Gift bringt dich nicht um. Der Vorrat ist zu bescheiden, er ist ja auch nur zum Jagen auf Mäuse, Frösche oder andere kleine Tiere gedacht. Empfindliche Kleinkinder oder alte Menschen können allerdings Atemnot, Herzschmerzen oder leichte Lähmungen erleiden.

→ Ausmalbild auf Seite 123

> Meine Giftzähne klappen automatisch auf, wenn ich mein Maul aufreiße.

Vögel

Fischreiher

Ich gleite mit langsamem Flügelschlag und eingezogenem Hals zu den Futterplätzen an Flachwasserzonen. Wie ein Holzpflock stehe ich im seichten Wasser und warte auf unvorsichtige Fische. Blitzschnell stoße ich zu. Trotzdem ist es oft schwierig einen Happen zu schnappen. Das hat mit meinem dolchartigen Schnabel zu tun und damit, dass ich es nicht leiden kann, wenn meine Bauchfedern nass werden.

Einige Menschen werfen mir irrtümlich vor auf Leckerbissen zu stehen, weil ich nur Fische aus Bächen oder Teichen fresse. Doch auch ich bin auf Beute angewiesen, um zu überleben.

Manche denken, ich hätte magische Kräfte und könnte mit einer speziellen Flüssigkeit Fische ins seichte Wasser ans Ufer locken. Aber das ist bloß ein Märchen, eben Fischerlatein.

→ Ausmalbild auf Seite 125

Ich fische ohne Prüfung und Erlaubnisschein.

Haubentaucher

Ich bin etwa so groß wie eine Wildente. Die kann zwar pfeilschnell fliegen, aber beim Tauchen ist sie ein plumper Anfänger. Immer schaut ihr Schwanz heraus.

Ich hingegen bin ein Meister im Tauchen. Kleine Fische zu fangen ist für mich eine Leichtigkeit. Haben sie stachelige Flossen, würge ich sie mit dem Kopf voraus in meinen Magen. Kleine Fische fresse ich gleich unter Wasser, größere Beute kann ich nur an der Luft schlucken.

Wenn ich verliebt bin, spreize ich erregt meine Federhaube. Durch heftiges Paddeln mit den Schwimmflossen kann ich mich fast gerade aus dem Wasser stemmen und meine Angebetete mit der Brust berühren. Heftiges Kopfschütteln ist unser Zeichen der Zuneigung. Beim Balzen überreicht man sich gegenseitig immer kleine Geschenke. Frischen Fisch oder Material für den künftigen Nestbau.

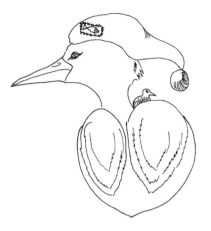

→ Ausmalbild auf Seite 127

Unsere Balz schaut aus wie ein Tanz auf dem Wasser.

Helmkasuar

Weltweit gehöre ich zu den größten Vögeln. Ich lebe im Nordosten von Australien. Mein stattliches Gewicht macht das Fliegen unmöglich. Mein Hals hat keine Federn. Das prächtige Blau und die roten Hautlappen stehen mir gut. Das Horngewebe auf meinem Kopf ist wie ein Sturzhelm, wenn ich durch das Dickicht laufen muss.

In Notwehr teile ich gefürchtete Tritte aus. Die dolchartige Kralle auf meiner Mittelzehe ist für die Feinde lebensgefährlich. Die zahlreichen verwilderten Schweine machen mir Sorgen. Sie fressen mein Gelege und jagen auch die jungen Küken. Durch den Straßenverkehr erleiden wir allerdings noch mehr Opfer.

→ Ausmalbild auf Seite 129

Jagdfasan

Zum Überleben brauche ich Landschaften, die mir gute Versteckmöglichkeiten und Nahrung bieten. Mir schmecken Sämereien, Beeren, Würmer, aber auch Insekten, wenn ich sie erwische.

Ich schlafe auf Bäumen, damit mich der Fuchs nicht erwischt. Meine Krallen halten mich ultrafest auf dem Ast. Als hübscher Hahn mit langen Schwanzfedern verteidige ich mein Revier. Meine lauten Rufe sollen meine Gegner warnen. Kommt es dennoch zum Streit, fliegen die Federn. Bisher war ich geschickt und konnte den Jagdhunden entkommen, die mich im Wald aufstöbern wollen.

→ Ausmalbild auf Seite 131

Löffler

Mit meinem an der Spitze verbreiterten Schnabel siebe ich im Flachwasser nach Nahrung. Auf meinem Speisezettel stehen auch kleine Fische, Kaulquappen, Frösche und anderes Getier im Wasser. Kommt mir ein Fuchs zu nahe, dann spreize ich erregt meinen Federschopf am Hinterkopf. Zum Glück kann der hungrige Vierbeiner nicht fliegen.

Zonen mit Schilfbestand und sumpfige Wiesen sind mein Lebensraum. Wenn du Glück hast, kannst du mich auch am Neusiedlersee oder an den salzigen Lacken entdecken. Ich brüte hier gerne und fliege im Herbst zum Überwintern nach Nordafrika.

→ Ausmalbild auf Seite 133

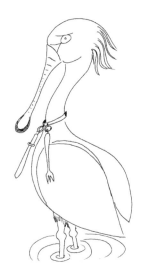

Schleiereule

Mein herzförmiges Gesicht und die rabenschwarzen Knopfaugen unterscheiden mich von meinen Verwandten. Gerne wähle ich mir Kirchtürme oder aufgelassene Scheunen als sicheren Brutplatz aus. Wichtig ist mir ein Lebensraum mit vielen Mäusen. Bauernhofkatzen sind mir wegen meiner erfolgreichen Jagd auf Mäuse meistens feindlich gesinnt. Greifvögel kreisen, um ihre Beute zu erspähen. Ich sitze lieber auf einem Zaunpfosten und beobachte die Umgebung. Das Piepsen der unvorsichtigen Nager entgeht mir nicht.

Mein ausgezeichnetes Gehör und der lautlose Flug machen den nächtlichen Mäusefang sehr erfolgreich. Unverdauliches wie zum Beispiel Haare oder Knochen würge ich wieder heraus. Das nennt man Gewölle.

→ Ausmalbild auf Seite 135

Suppenhuhn

Gezüchtet wurde ich zum Eierlegen. Gönnt mir der Tierhalter ausgewogenes Futter und viel Bewegung im Freiland, lege ich jede Menge davon. Manche von uns sind extrem fleißig und schaffen sogar 300 Eier im Jahr.

Sobald die Legeleistung nachlässt, werden wir für den Betrieb nutzlos. Vom Eierlegen erschöpft landen meine Verwandten schließlich als Suppenhuhn in einem großen Topf. Ich habe Glück: Ich lebe auf einem kleinen Bauernhof und darf später im Obstgarten nach Schädlingen scharren oder auf dem Misthaufen nahrhafte Würmer picken.

→ Ausmalbild auf Seite 137

Trompetenschwan

Bekannt sind dir sicher nur die Höckerschwäne. Ihr roter Schnabel geht in einen schwarzen Höcker über. Massenhaft kommen sie in den Seen vor. Sie verunreinigen durch ihren Kot das Wasser und das Ufer.

Mich hast du wahrscheinlich noch nie gesehen. Ich lebe in Nordamerika. Mein Schnabel ist schwarz und verläuft gerade. Mein Lieblingsessen sind saftige Wasserpflanzen. Im Spätherbst fliege ich mit meinen Nachkommen in den wärmeren Süden. Wir sind in Form einer Pfeilspitze unterwegs und unterhalten uns beim Fliegen mit trompetenähnlichen Rufen.

→ Ausmalbild auf Seite 139

Zaunkönig

In Europa gehöre ich zu den kleinsten Vögeln. Insekten, ihre Eier und Larven sind meine Hauptnahrung. Nicht in der Luft oder auf Bäumen jage ich ihnen nach, sondern in Bodennähe. Am wohlsten fühle ich mich im Schutz dichter Sträucher.

Meinen königlichen Namen verdanke ich der Fabel eines griechischen Dichters. Die Vögel der Erde haben seinerzeit beschlossen, jenen zum König zu wählen, der am höchsten in die Lüfte steigen kann. Der starke und mutige Adler hätte den Titel verdient, aber ein kleiner brauner Vogel hat ihn besiegt. Er hatte sich im Gefieder des Greifvogels versteckt. Als dem Adler die Kraft und Luft ausging, hat sich der ausgeruhte Vogelzwerg abgestoßen und ist noch ein Stück höher gestiegen. Also wurde er wegen seiner Schlauheit zum König, zum „Zaunkönig" gewählt.

→ Ausmalbild auf Seite 141

Pinguine

Kaiserpinguin

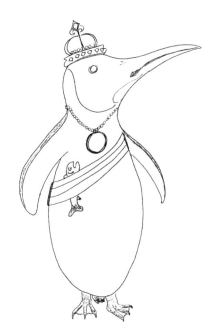

Ich gehöre zur Gruppe der flugunfähigen Seevögel. Zum Glück lebe ich auf der Südhalbkugel der Erde. Die gefährlichen Eisbären haben ihr Jagdgebiet nämlich auf der Nordhalbkugel.

Ich bin ungefähr so groß und schwer wie ein Schulanfänger. Allerdings sehen bei uns die Männchen und Weibchen alle so aus wie eineiige Zwillinge.

Der Lärm in meiner Brutkolonie ist ohrenbetäubend. Mit trompetenartigen, kurzen Rufen finde ich meinen Lebenspartner. Auch gelange ich so zu unserem Einzelkind, sollte es einmal verloren gegangen sein.

Es ist ganz wichtig, dass meine Kolonie auf flachem Meereis liegt. Schließlich können wir nicht fliegen und das Springen über die Eiskante ist sehr anstrengend. Im klaren Wasser schaffe ich locker einen halben Kilometer Tiefe und bleibe sogar bis zu zwanzig Minuten unter Wasser. Antarktischer Krill (eine Art Krebstier), Fisch und Tintenfische sind meine Beute. Mit der öligen Flüssigkeit aus der Bürzeldrüse reibe ich mir meine kurzen Federn ein. Mit dem langen Schnabel erreiche ich alle Stellen. Nach der Pflege ist mein Gefieder wasserdicht.

Bläst ein eisiger Sturm, dann rückt die Kolonie nach dem Sonnenuntergang zum „Kuschelhaufen" zusammen. Langsam dreht sich der Haufen im Kreis.

Bei uns passen die Männer auf die Eier auf. Nach der Eiablage rollt sich mein Partner das Ei auf seine Zehen. Sofort wärmt er es mit seiner flauschigen Bauchfalte. Gibt er nicht Acht, rollt das Ei ins Freie. Dann erfriert das neue Leben im Ei sehr schnell.

Wir Frauen watscheln nach der Eiablage ins Meer zurück. Dort sammeln wir wieder neue Kraft und marschieren mit reichlich Futter für unsere Küken heimwärts.

Seeleoparden und Orcas sind unser Todfeinde im Wasser. Auf dem Brutplatz sind es die Riesensturmvögel. Sie greifen unseren Nachwuchs an.

→ Ausmalbild auf Seite 143

> Nur ein einziges Ei hat auf meinen kälteunempfindlichen Füßen Platz.

Säugetiere

Eisbär

Ich bin das größte Landraubtier der Erde. Unter meinem wasserabweisenden Fell habe ich eine schwarze Haut. Darunter liegt eine dicke Speckschicht, die mich vor der Kälte am Polarkreis schützt. Ungewöhnlich ist auch meine blaue Zunge.

Mein Geruchssinn ist so hervorragend, dass ich junge Robben sogar in ihrer Schneehöhle riechen kann. Ihr Fleisch rettet das Leben meiner Jungen. Willst du wissen, wie ich die Robben fange? Auch Robben müssen atmen. Dazu stecken sie ihren Kopf durch das Eisloch. Auf diesen Moment warte ich: Blitzschnell schlage ich dann mit meinen Pranken zu.

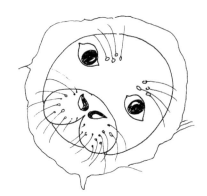

Ich bin ein ausgezeichneter Schwimmer, doch das Jagen im Wasser ist äußerst schwierig. Am besten ist es für mich, wenn ich auf den Packeisfeldern jagen kann. Leider taut das Eis immer früher auf. Deshalb erwische ich weniger Beute und muss hungern. So ist mein Leben und das meiner Kinder in Gefahr.

→ Ausmalbild auf Seite 145

Fledermaushund

Bitte verwechsle mich niemals mit den Flughunden! Sie gehören zu den Fledertieren. Tagsüber hängen sie kopfüber in großen Gruppen in ihren tropischen Schlafbäumen. Nachts flattern sie zu Blüten und Früchten.

Ich aber bin ein Hund und kann nicht fliegen. Meine Ohren sind riesengroß und sehen wie die Flughaut der Fledermäuse aus. Ich bin eine eigenartige Idee der Menschen, sie haben mich so gezüchtet.

→ Ausmalbild auf Seite 147

Gürteltier

In Südamerika bin ich zu Hause. Die Pampa ist mein Lebensraum. Mit meinen kräftigen Krallen grabe ich mir im Nu Erdhöhlen als Unterschlupf. Mühelos zerlege ich mit meinen Krallen die harten Termitenbauten. Mit meiner langen und klebrigen Zunge fische ich Unmengen dieser Insekten aus dem Bau.

Mein gewölbter Rückenpanzer ist mein Schutz, denn auch große Raubkatzen beißen sich an ihm die Zähne aus. Mein größter Feind sind die Menschen. Sie jagen mich wegen meines Panzers. Viele meiner Verwandten hat es bereits erwischt. Aus ihrem Panzer ist eine Art Gitarre namens „Charango" gemacht worden.

→ Ausmalbild auf Seite 149

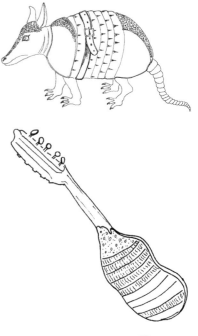

Hufeisenfledermaus

Im Sommer suche ich mir zugluftfreie Unterkünfte in Ruinen, Kirchtürmen oder Höhlen. Schwierig wird es im Winter, weil ich auf frostsichere Plätze angewiesen bin. Um mich vor der Kälte zu schützen, hülle ich mich mit meinen Flughäuten wie in einen Mantel ein. Kopfüber verschlafe ich so den Winter.

Ich habe eine besondere Fähigkeit: Ich kann Ultraschalllaute aussenden. Durch ihr Echo orientiere ich mich auch in völliger Dunkelheit und erkenne meine Beute. So haben während meiner nächtlichen Jagdflüge Nachtschmetterlinge und andere Insekten keine Chance – und ich keinen Hunger.

→ Ausmalbild auf Seite 151

Nasenaffe

Die Weibchen mit ihren lächerlich kleinen Stupsnasen beneiden mich. Mit zunehmendem Alter wird meine Nase immer länger und schaut dann wie eine Gurke mit Sonnenbrand aus.

Ich lebe im Regenwald entlang von Flussläufen. Immer öfter komme ich mir wie im Zoo vor, da die Menschen mit Booten direkt vor mir auftauchen, um mich und meine Verwandten zu bestaunen. Eigentlich stehe ich unter strengstem Schutz, aber Wilderer sind trotzdem hinter mir her. Eine weitere Gefahr droht mir durch die Ölpalmen. Die Anbauflächen werden größer und mein Lebensraum geringer. Und der von den zotteligen Orang-Utans, den Tigern und den Paradiesvögeln auch.

→ Ausmalbild auf Seite 153

Panzernashorn

Meine zahlreichen Hautfalten täuschen einen Panzer vor. Eigentlich bin ich nackt. Nur ein paar Haare schmücken meine Ohren, die Schwanzspitze oder bilden die Wimpern.

Mein Sehvermögen ist gering: So reizt mich jede Bewegung in meiner Umgebung rasch zu wütenden Angriffen. Als Mutter passe ich auf meine Kälber jahrelang gut auf. Dennoch passiert es, dass sie den Tigern zum Opfer fallen.

Ich trage nur ein einziges Horn auf meiner Nase, aber meine afrikanischen Verwandten besitzen zwei. Hufe und Horn sind aus demselben Material aufgebaut. Wilderer sind bloß hinter meinem Horn her, da es fast mit Gold aufgewogen wird. Das Horn ist in der Chinesischen Medizin äußerst wertvoll. Das kostet viele von uns das Leben.

→ Ausmalbild auf Seite 155

Ringelrobbe

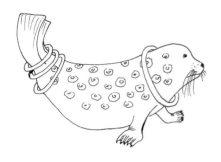

Mein Reich ist die Arktis. Die ringförmigen Flecken auf dem Fell sind mein Namensgeber. Ich bin ein Einzelgänger und lieber allein als mit anderen unterwegs. Mit meinen kräftigen Krallen an den Vorderflossen halte ich mir die Atemlöcher im Eis frei.

In der Not kann ich sogar eine halbe Stunde unter Wasser bleiben. Meine Neugeborenen schaffen das nicht. Es fehlt ihnen die schützende Fettschicht im eiskalten Wasser. Außerdem sind sie schlechte Taucher. Viele sterben deshalb, bevor sie erwachsen werden.

Gerne lasse ich mich auf den Packeisschollen treiben. Bei Gefahr rutsche ich einfach ins Wasser. Krebse und Fische stehen auf meinem Speiseplan. Ich selbst auf dem von Hai, Eisbär, Fuchs und Vielfraß.

→ Ausmalbild auf Seite 157

Schraubenziegenbock

Ich verbringe mein Leben im asiatischen Hochgebirge und gehöre zu den größten Vertretern der Wildziegen. Ich bin ein Einzelgänger. Nur zur Paarungszeit suche ich die Herde auf. Beinharte Kämpfe entscheiden über den Rang. Siege ich, dann übernehme ich die Führung der kleinen Herde.

Meine schraubenartig gewundenen Hörner beeindrucken nicht nur die Weibchen, sondern auch die wohlhabenden Trophäenjäger. Sie zahlen einen Batzen Geld, um mich und meine Verwandten zu jagen.

→ Ausmalbild auf Seite 159

Seekuh

Ich habe keinen Rüssel, trotzdem sind die Elefanten meine nächsten Verwandten. Meine Gliedmaßen taugen nicht für Spaziergänge an Land. Lieber halte ich mich in flachen Küstengewässern auf. Mit meinem breiten Maul weide ich wie eine Kuh die Pflanzen am Boden ab. Seegras und andere Wasserpflanzen sind meine Nahrung. Viele Stunden lang muss ich ununterbrochen fressen, um meinen Hunger zu stillen. Die vegetarische Kost macht nicht wirklich satt. Alle paar Minuten muss ich an die Oberfläche, um nach Luft zu schnappen.

Schwertwale sind meine größten Feinde. Und in den Flüssen lauern mir die Krokodile auf. Früher haben mich die Ureinwohner für den Fleischbedarf gejagt und aus meiner zähen Haut Lederriemen geschnitten. Heute leben meine Verwandten und ich in Schutzgebieten. Allerdings habe ich mich beim Auftauchen schon manches Mal an der scharfkantigen Schraube eines Sportbootes verletzt.

→ Ausmalbild auf Seite 161

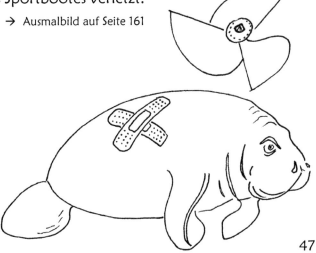

Tanzbär

Mein Geruchssinn ist dem von Hunden weit überlegen. Auf kurzen Strecken bin ich so schnell wie ein Rennpferd. Wenn meine Verwandten auf Almen Schafe reißen oder in Siedlungsnähe Bienenstöcke plündern wollen, müssen sie sich in Acht nehmen. Sonst werden sie getötet. Meine Mutter wurde erschossen.

Ich bin eine Bärenwaise und wurde von Menschen aufgezogen. Sie haben mich gefüttert, geschlagen und zur Unterhaltung der Leute abgerichtet. Mir wurden zahlreiche Kunststücke beigebracht, zum Beispiel kann ich mich auf meinen Hinterbeinen im Kreis drehen. Ich habe alles besonders schnell gelernt, weil ich vermeiden wollte, dass an meinem schmerzhaften Nasenring gezogen wird.

→ Ausmalbild auf Seite 163

Löwe-Tiger

In freier Wildbahn gehen sich Löwe und Tiger einander aus dem Wege. Sie verhalten sich zu unterschiedlich: Löwen genießen das Leben im kleinen Rudel und Tiger sind Einzelgänger.

Ich bin, wie der Fledermaushund, eine Züchtung. Ich bin ein Liger und das Kind eines Löwen und einer Tigerin. Meine Mähne ist dünn und meine Tigerstreifen sind blass. Ich kann mich nicht vermehren, denn ich bin ein unfruchtbares Männchen. Im Unterschied zu den wasserscheuen Löwen kann ich ausgezeichnet schwimmen.

→ Ausmalbild auf Seite 165

Walross

Dank meiner dicken Fettschicht spüre ich das kalte Wasser nicht. Der Fettmantel ist außerdem der beste Schutz gegen die scharfen Eiskanten in meinem arktischen Lebensraum.

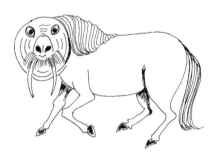

Meine Hauer sind etwa einen halben Meter lang. Ich benötige sie zum Kämpfen. Auch halte ich damit die Atemlöcher im Eis frei und ziehe mich mit ihnen auf die Eisschollen zum Rasten. Je länger meine Zähne sind, desto besser ist mein Liegeplatz. Auch dienen sie dazu die Weibchen zu beeindrucken.

Mit meinen beweglichen Flossen kann ich mich an jeder juckenden Hautstelle kratzen. Mit den Vorderflossen wühle ich den Meeresboden auf, um nach Schnecken, Muscheln und andere Bodenbewohnern zu suchen.

→ Ausmalbild auf Seite 167

Das Elfenbein meiner Hauer ist als Material zum Schnitzen sehr begehrt.

Warzenschwein

Ich bin ein männliches Tier, ein Eber. Hübsch ist mein Schädel nicht mit den vier großen Warzen und den gebogenen Eckzähnen, die aus dem Oberkiefer wachsen.

Werde ich von einem Fleischfresser bedroht, dann richtet sich meine Rückenmähne wie ein Kamm auf. Auch mein Schwanz mit der Quaste ragt wie eine Antenne steil in die Luft. Mutig verteidige ich mein Leben und das meiner Jungen gegen Raubkatzen.

Ich suhle mich mit Vergnügen in den dreckigsten Schlammlöchern. Beim Essen bin ich nicht wählerisch, ich bin ein Allesfresser und wühle auch gerne in den Äckern der Menschen nach Fressbarem. Dabei muss ich auf der Hut sein, das mögen sie nämlich nicht. Dafür lieben sie mein Fleisch.

→ Ausmalbild auf Seite 169

Ich beeindrucke die Weibchen mit großen Warzen und langen Zähnen.

Waschbär

Durch meine schwarze Räubermaske und den geringelten, buschigen Schwanz bin ich leicht als putziger Bär zu erkennen. Ich bin überwiegend in der Nacht unterwegs, auf der Suche nach Fressbarem. Gerne plündere ich Mülltonen oder stöbere am Flussufer entlang, um Krebse und anderes Getier aus ihren Löchern zu fischen. Mit meinen geschickten Pfoten entkommt mir die Beute nicht.

Die häufige Nahrungssuche am Wasser hat mir den Namen „Waschbär" eingebracht. Meine kurzen Beine sind zum Weitspringen nicht geeignet. Dafür bin ich im Klettern ein Profi. Durch das Verdrehen der Hinterpfoten kann ich sogar mit dem Kopf voraus von Bäumen hinabklettern. Dieses Kunststück macht mir kein anderer Bär nach.

→ Ausmalbild auf Seite 171

Zirkuselefant

Ich bin ein Zirkuselefant. Täglich muss ich die Kunststücke für den Auftritt üben, damit das Publikum staunen kann. Ich bin schlau und habe ein ausgezeichnetes Gedächtnis.

Meine Nase ist die längste im gesamten Tierreich. Bestimmte Gerüche und eine schlechte Behandlung vergesse ich niemals. Ich lebe in Gefangenschaft. Doch meine Gedanken fliegen zu meinen wilden Verwandten in Afrika und Asien. Sie leben zwar in Freiheit, sind aber vielen Gefahren ausgesetzt. Wilderer sind hinter ihren Stoßzähnen her. Wenn sie eine Leitkuh erwischt haben, sterben mit ihr auch das Wissen und die Erfahrung. Die ganze Herde ist dann in Gefahr. Niemand sonst weiß, wo Wassertränken oder Futterstellen sind, wenn die Regenzeit ausbleibt, oder wie bei einer Flussdurchquerung die Strömung einzuschätzen ist.

→ Ausmalbild auf Seite 173

Fantasiewesen

Auf den nächsten Seiten habe ich fantastische Wesen für dich gezeichnet. Überlege dir eine Geschichte zu ihrer Herkunft, ihren Fähigkeiten und Interessen. Schreibe deine Ideen in die leeren Felder. Oder bitte einen Erwachsenen, deine Gedanken aufzuschreiben.

Dreihorn

→ Ausmalbild auf Seite 175

Gänseblümchengans

→ Ausmalbild auf Seite 177

Pegasus

→ Ausmalbild auf Seite 179

Schneeschuhhuhn

→ Ausmalbild auf Seite 181

Uhrforelle

→ Ausmalbild auf Seite 183

Wollmilchschwein

→ Ausmalbild auf Seite 185

Meine eigenen Fantatiere

Pilze

Fliegenpilz

Jedes Kind kennt mich. Unverwechselbar ist mein roter Hut mit den weißen Hautfetzen. Schnecken und Maden finden mich zum Anbeißen gut.

Lass mich lieber im Wald stehen. Denn ich bin für Menschen giftig.

→ Ausmalbild auf Seite 187

Satanspilz

Mein Stiel ist bauchig und mit einem roten Netz überzogen. Manche verwechseln mich trotzdem mit den leckeren Steinpilzen und büßen diesen Irrtum nach einigen Stunden mit Übelkeit, Erbrechen und Durchfall. Nicht umsonst trage ich den Namen Satans-Röhrling. Im Volksmund werde ich „Satanspilz" genannt.

Je älter ich werde, desto stärker verbreite ich einen unangenehmen Geruch nach verfaulendem Fleisch.

→ Ausmalbild auf Seite 189

Pflanzen

Ackerschachtelhalm

Großeltern wissen noch um meine Vorzüge. Sie verwendeten mich zum sanften Putzen von Pfannen oder anderem Metallgeschirr. Die Kieselsäure in meinen Pflanzenzellen ist nämlich ein ausgezeichnetes Scheuermittel. Mit meinem verzweigten Wurzelgeflecht vermehre ich mich in der Gartenerde und werde, sobald ich meine sattgrünen Sommertriebe in die Luft recke, als Unkraut ausgerissen.

Und das, obwohl ich als Heilpflanze gegen viele Krankheiten eingesetzt werde.

→ Ausmalbild auf Seite 191

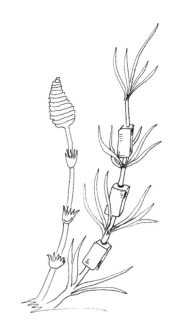

Frauenschuh

Meine Familie sind die Orchideengewächse und ich verdiene einen besonderen Schutz. Insekten bekommen von mir zwar keinen Tropfen Nektar, dafür helfen sie unwissentlich, meine Samen zu verbreiten. Angelockt von meiner prächtigen Farbe und den Duft nach reifen Marillen, stürzen sie in meine kesselförmigen Blüten. Der ölige Überzug meiner Blüten verhindert eine Flucht.

Eine helle Stelle, quasi ein Fenster, leitet die Insekten allerdings zum Ausgang. Auf dem Weg dorthin erledigen sie meine Bestäubung.

→ Ausmalbild auf Seite 193

Glockenblume

Meine Glocken läuten nicht, aber wegen meines Aussehens bin ich zu diesem Namen gekommen. Am liebsten wachse ich auf mageren Böden, zum Beispiel an Böschungen, Wegrändern oder am Saum der Wälder. Ich bin schwindelfrei und blühe auch im Hochgebirge über 2000 Metern Seehöhe. In Geschichten setzen Elfen und Zauberfeen meine Blütenglocken gerne als Haube auf.

Eine kleine Zauberei verrate ich dir nun: Mache eine meiner blauen Blüten nass und ärgere damit Ameisen auf ihrem Haufen. Sie werden den harmlosen Feind mit Ameisensäure bekämpfen. Wie durch ein Wunder entstehen plötzlich rote Flecken auf meinen Blüten.

→ Ausmalbild auf Seite 195

Hirschzunge

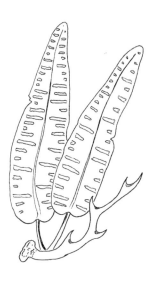

Meine Verwandten und ich brauchen keine duftenden Blüten. Wir gehören nämlich zu den Sporenpflanzen. Wind und Wasser verbreiten unser Geschlecht. Zur Zeit der Dinosaurier waren wir stark und groß wie Bäume. Heute noch nutzen uns die Menschen als Kohle.

Hirschzungentee unterstützt die Arbeit der Leber. Er reinigt auch die Lunge und erleichtert das Atmen.

→ Ausmalbild auf Seite 197

Krebsschere

Ich gehöre zur Familie der „Froschbissgewächse" und bin eine Wasserpflanze. Mit meinen langen Wurzeln fische ich mir die Nährstoffe zum Wachsen aus dem Wasser. Starke Schwankungen des Wasserspiegels und Verunreinigungen schmecken mir überhaupt nicht.

Eine Besonderheit von mir ist diese: Meine Art ist zweihäusig. Es gibt von mir also männliche und weibliche Pflanzen. Bevor eine Eisdecke die stehenden Gewässer verschließt, sinken wir gemächlich zu Boden und tauchen im Frühjahr wie U-Boote wieder auf.

→ Ausmalbild auf Seite 199

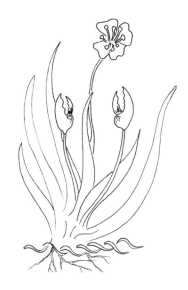

Löwenzahn

Zeitig im Frühjahr mische ich das fade Grün der Wiesen mit meinen gelben Blütenköpfen auf. Bienen fliegen auf mich, sie lieben meinen Nektar. Kinder basteln Blumenkränze oder werfen meine hohlen Stängel ins Wasser. Die aufgeschlitzten Enden winden sich wie die Arme von Kraken. Auch schätzen mich die jungen Leute als Pusteblume. Sie blasen meine Flugsamen, die wie kleine Fallschirme sind, mit einem Herzenswunsch versehen in den Himmel.

Ausgezeichnet schmecken meine jungen, gezahnten Blätter als Salat. Seit alters her fördert der Tee aus meinen Pflanzenteilen die Verdauung. Aufgrund meiner wassertreibenden Eigenschaften bezeichnet mich der Volksmund unhöflich als „Bettseicherkraut".

→ Ausmalbild auf Seite 201

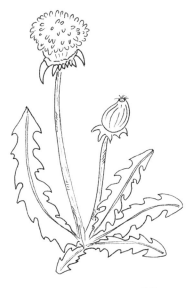

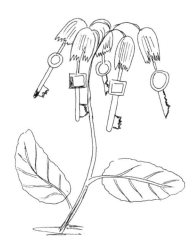

Schlüsselblume

Weil die Anordnung meiner Blüten einem Schlüsselbund ähnelt, haben mir die Menschen auch den Namen „Himmelsschlüssel" gegeben. Greife vorsichtig meine eiförmigen Blätter an. Du spürst meine flaumigen Haare wie einen Pelz. Nur Hummeln oder Schmetterlinge mit ihren langen Rüsseln schaffen es bis zum Boden meines langen Blütenkelchs. Sie erhalten Nektar und ich als Gegenleistung die Bestäubung. Der Wind verbreitet später meine Samen. Winzige Bläschen machen sie zusätzlich federleicht.

Einige Schmetterlingsmütter heften ihre Eier auf meine Blätter. Für ihre Raupenkinder bin ich ein köstlicher Leckerbissen.

→ Ausmalbild auf Seite 203

Sibirische Schwertlilie

Ich bin eine stattliche Pflanze. Passt mir der sumpfige Boden, dann schaffe ich locker eine Wuchshöhe von einem Meter. Ich liebe es, mit meinen Schwestern in enger Nachbarschaft zu blühen. Mein Name ist kein Geheimnis. Die schlanken, langen Blätter schauen wirklich aus wie Schwerter. Bloß verursachen sie kein Leid. Mein Samen steckt in einer auffälligen, dreikantigen und braunen Samenkapsel. Damit er keimen kann, braucht er unbedingt vorher Frosttemperaturen.

Bitte düngt mich nicht und mäht mich erst nach der Fruchtreife, sonst sterben wir aus.

→ Ausmalbild auf Seite 205

Sonnentau

Meine benachbarten Pflanzen begnügen sich mit den im Wasser gelösten Nährstoffen und der Luft. Ich aber bin eine fleischfressende Pflanze! Ich bin auf das Fangen von kleinen Insekten spezialisiert. Meine Fangblätter sind eine hervorragende Falle. Die vielen feinen Tentakel sondern einen süßen und klebrigen Leim ab. Einmal durch das Glitzern und Funkeln angelockt, erwischt es die meisten der Unvorsichtigen. Meine „Fangarme" kann ich gut bewegen und die Beute rasch festhalten. Zappelt das Tierchen nicht mehr, dann zersetzen es Säfte aus meinen Drüsen zu einer nahrhaften Suppe.

Ich brauche diese Art der Nahrung zum Überleben und Wachsen.

→ Ausmalbild auf Seite 207

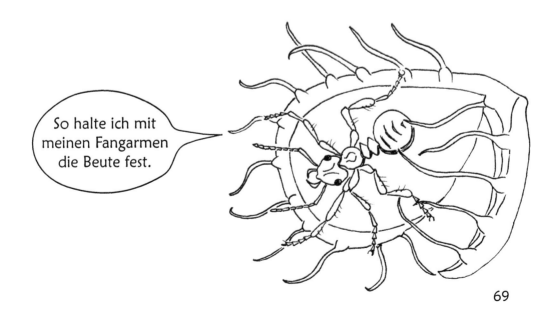

So halte ich mit meinen Fangarmen die Beute fest.

Malvorlagen

Jetzt bist du dran! Auf den folgenden Seiten findest du alle Fantatiere und Fantapflanzen einzeln zum Ausmalen. Du kannst sie auch ausschneiden, auf großes Papier aufkleben und lustige Türme mit ihnen bauen. Oder du gestaltest Grußkarten. Wenn du einen Rahmen hast, kannst du besonders hübsche Exemplare gerahmt an die Wand hängen – oder an deine Zimmertür kleben. Ganz wie du möchtest, der Fantasie sind keine Grenzen gesetzt!

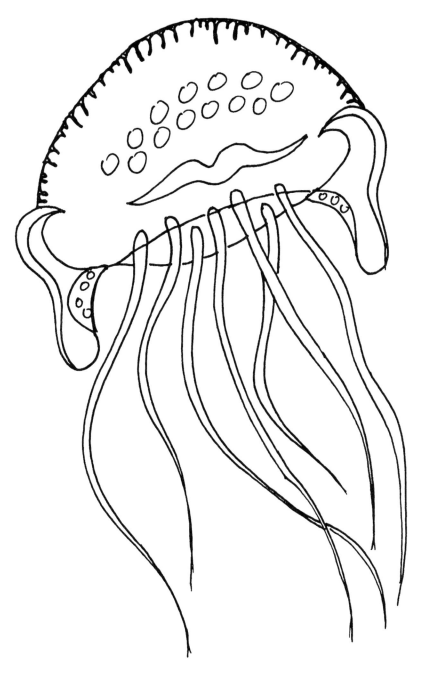

Ohrenqualle

Seeanemone

Weichkoralle

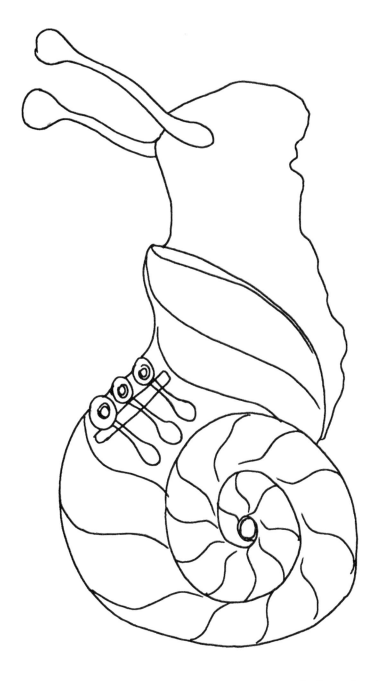

Posthornschnecke

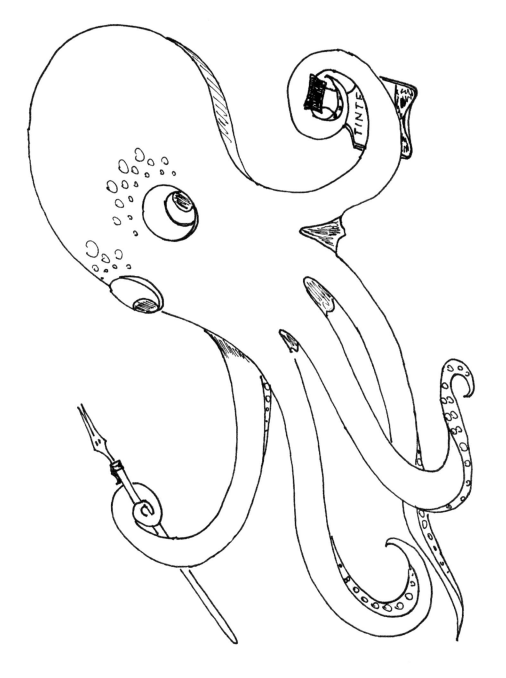

Tintenfisch

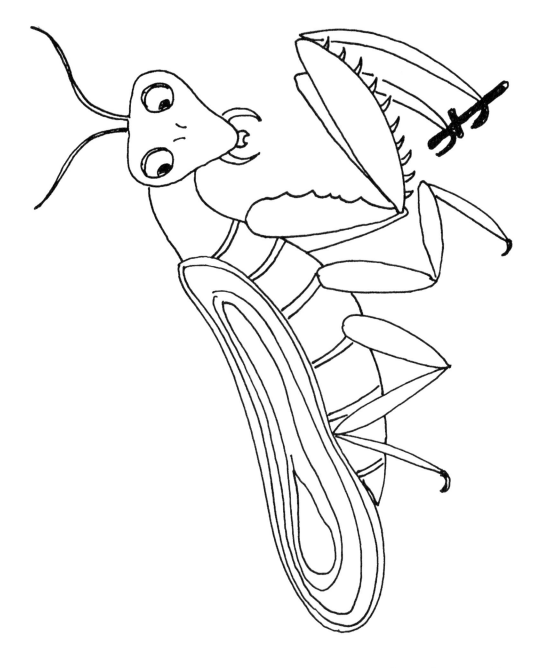

Gottesanbeterin

Heupferdchen

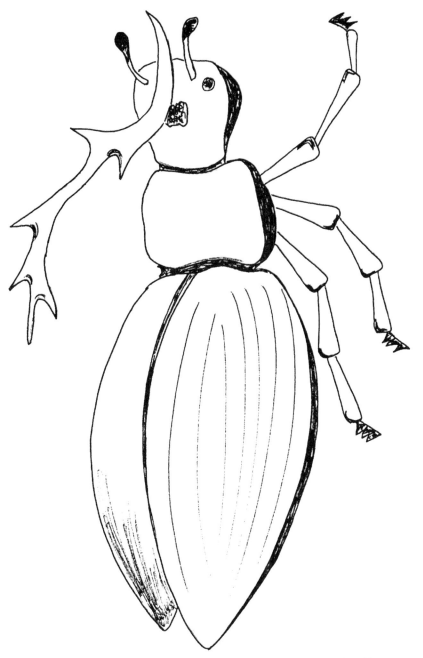

Hirschkäfer 85

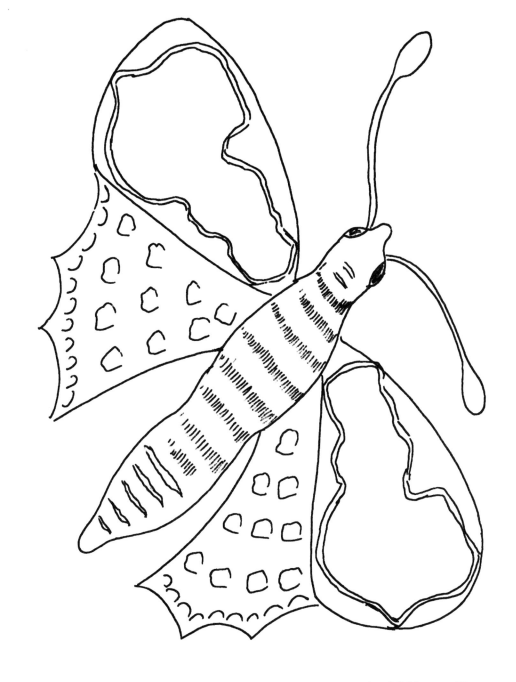

Landkärtchen

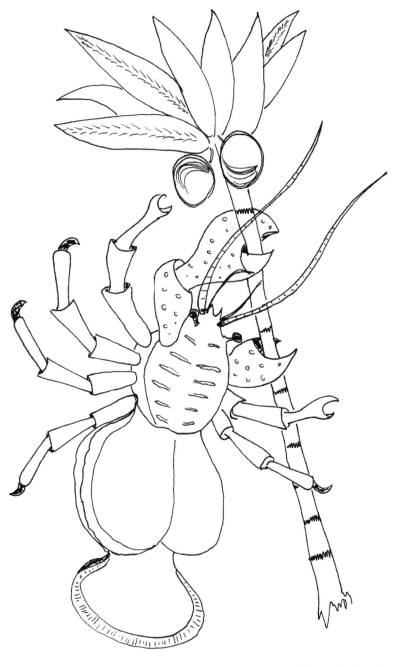

Palmendieb

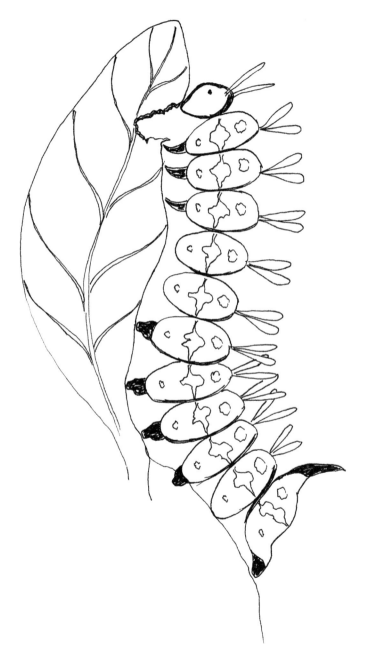

Raupe Vielfraß

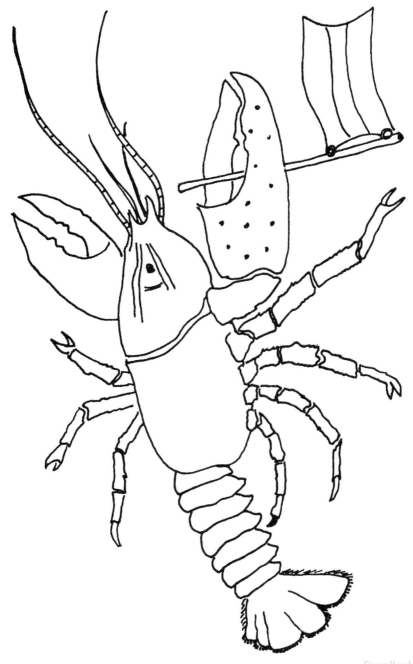

Signalkrebs

Buckellachs 95

Katzenwels

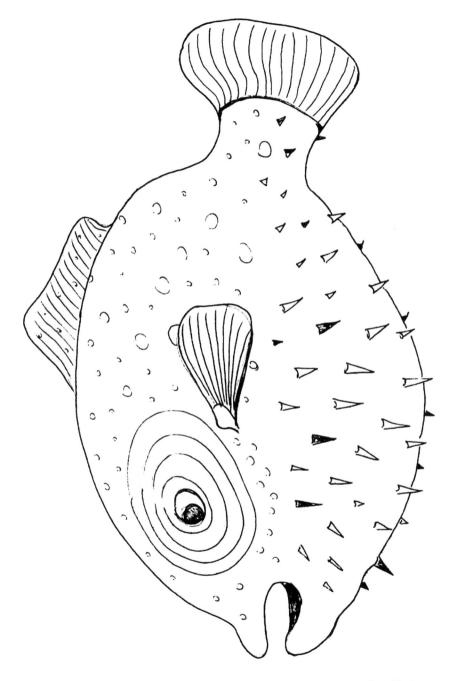

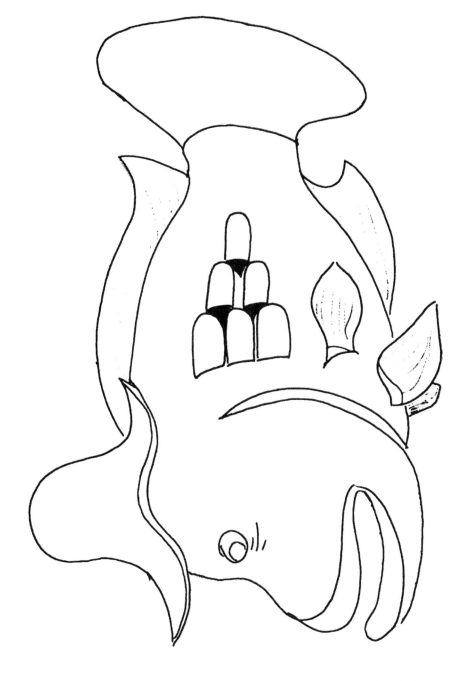

Napoleonfisch

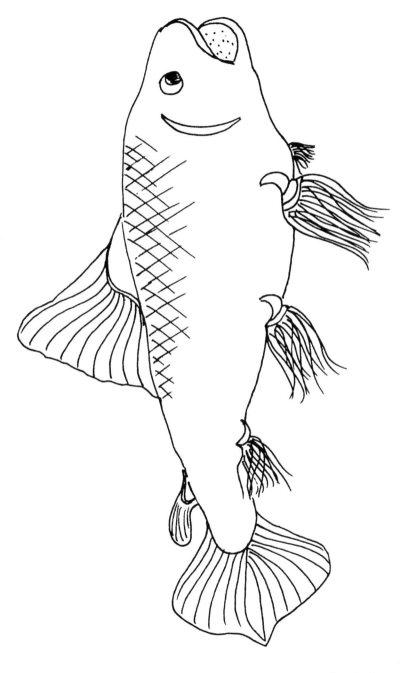

Quastenflosser

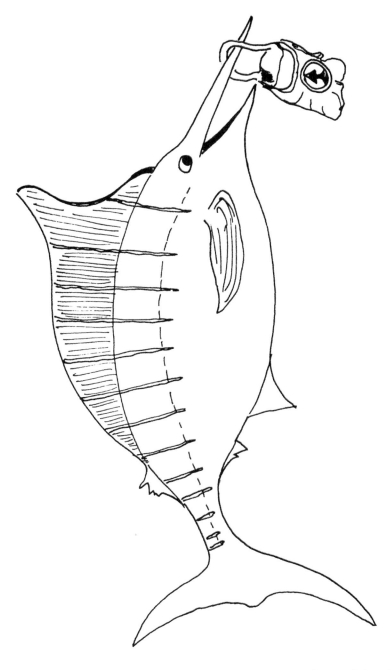

Schwertfisch

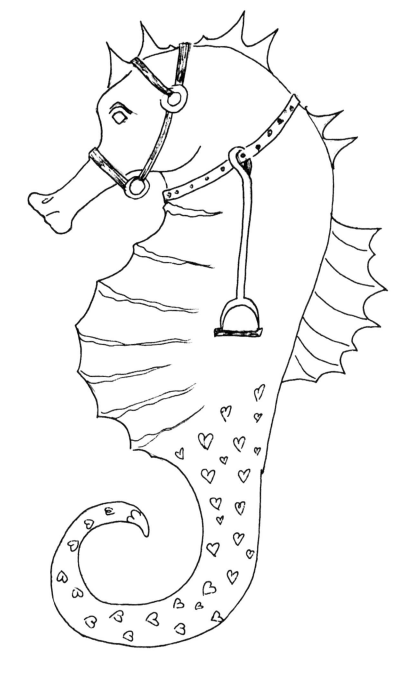

Seepferdchen

Stierkopfhai

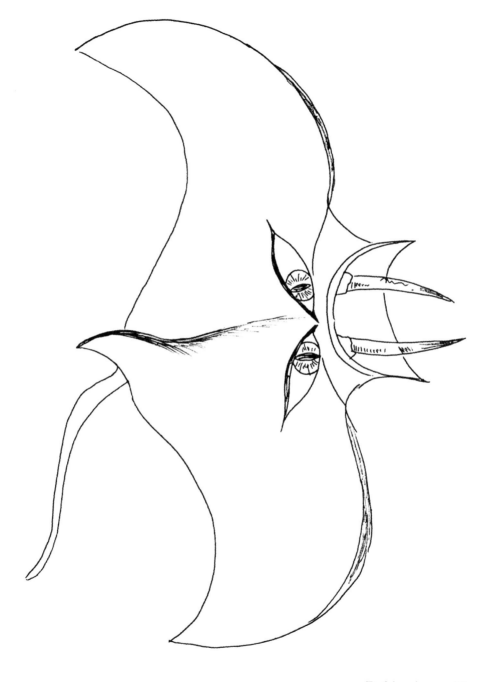

Teufelsrochen

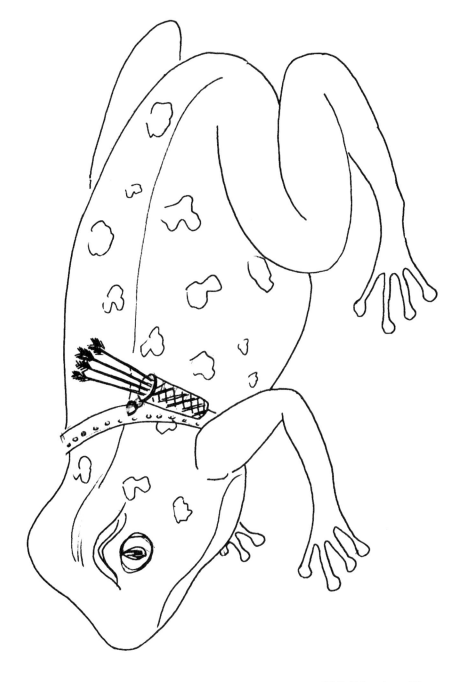

Pfeilgiftfrosch 113

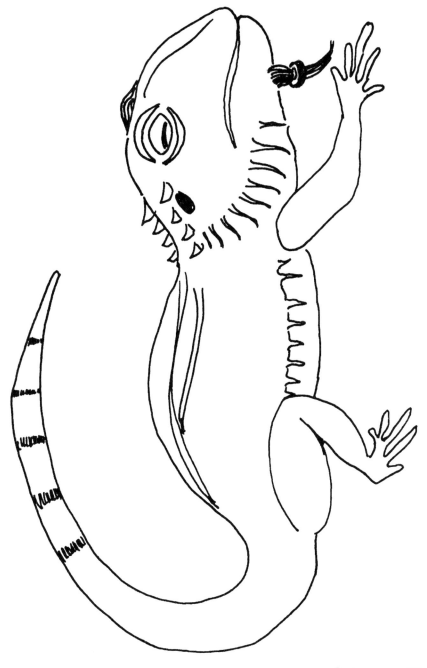

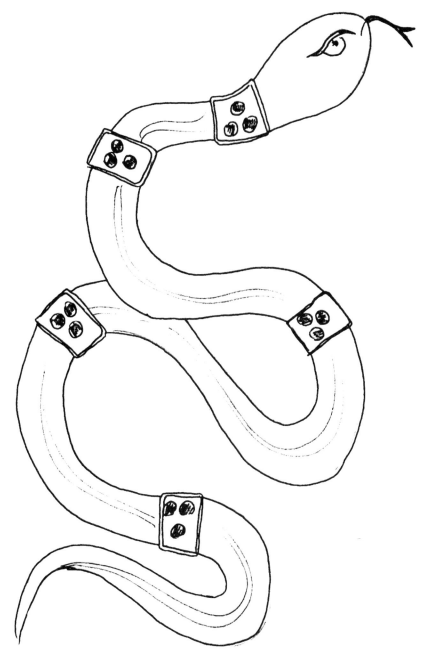

Blindschleiche

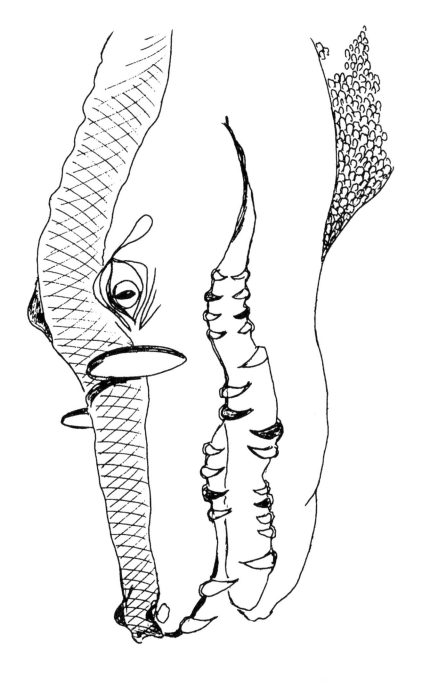

Brillenkaiman

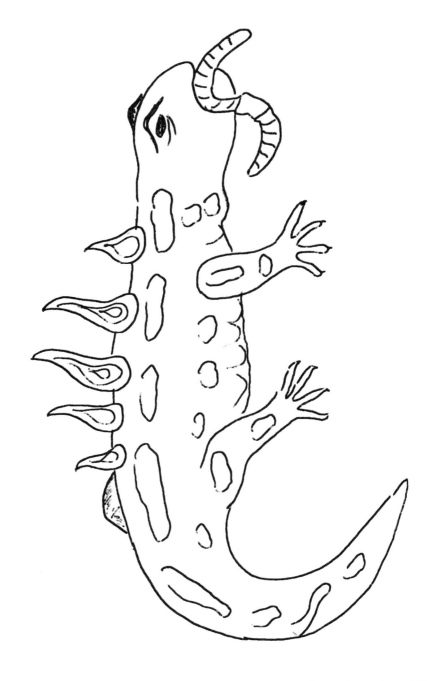

Feuersalamander

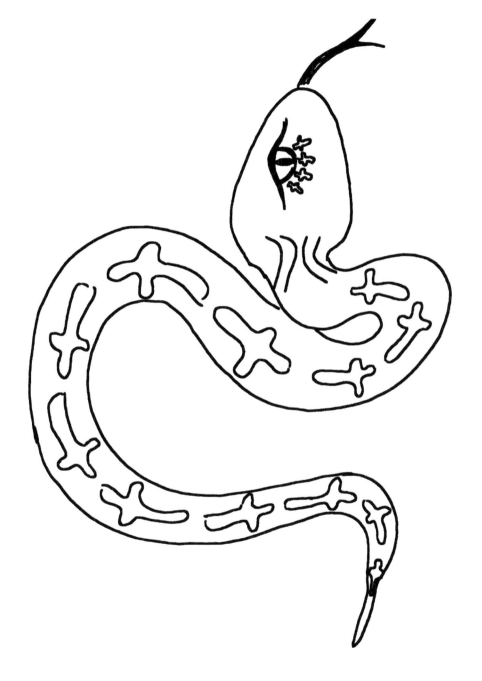

Kreuzotter

Fischreiher

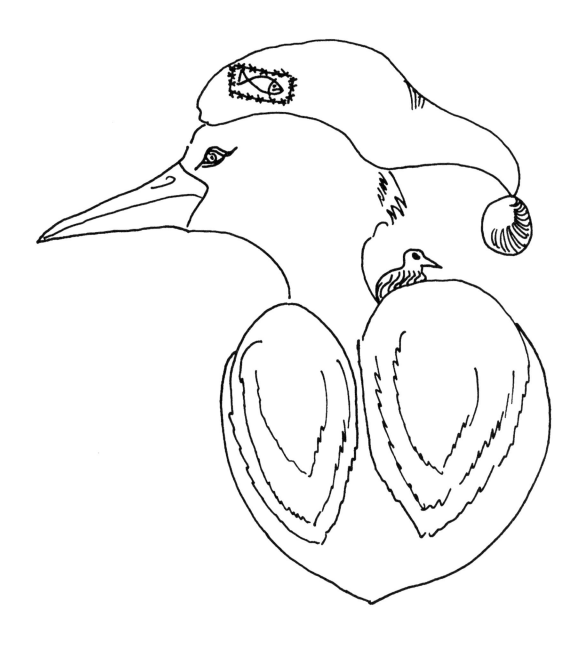

Haubentaucher 127

Jagdfasan

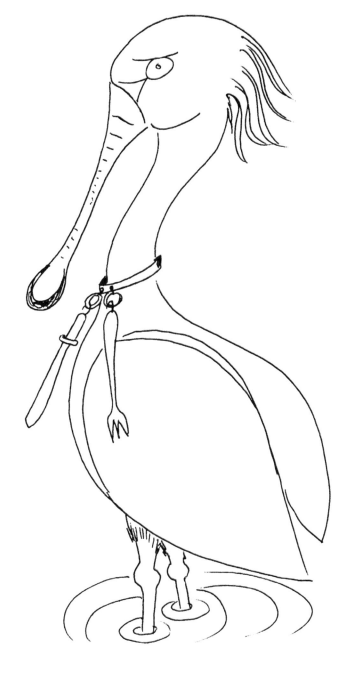

Löffler

Schleiereule

Suppenhuhn

Zaunkönig

Kaiserpinguin

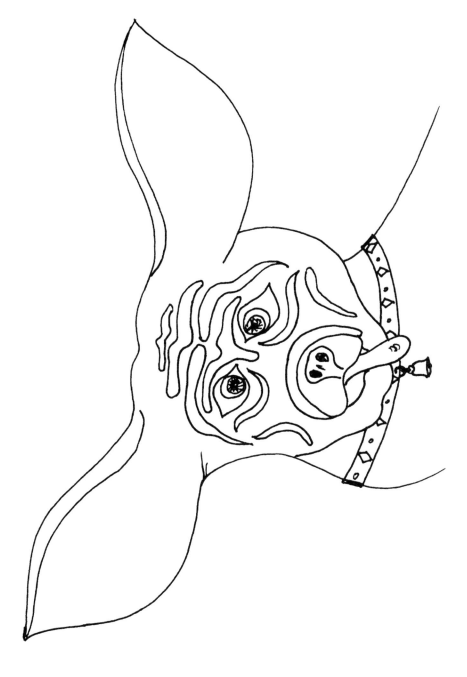

Fledermaushund

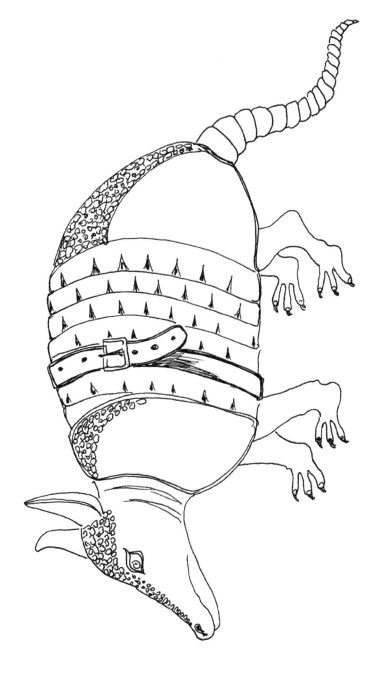

Gürteltier 149

Hufeisenfledermaus

Nasenaffe

Panzernashorn

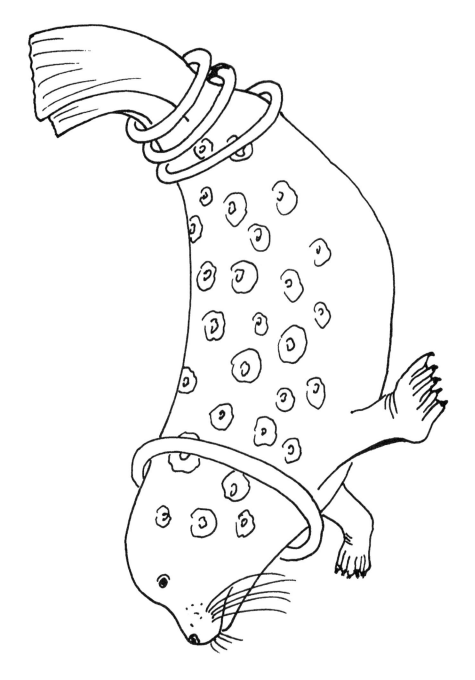

Ringelrobbe

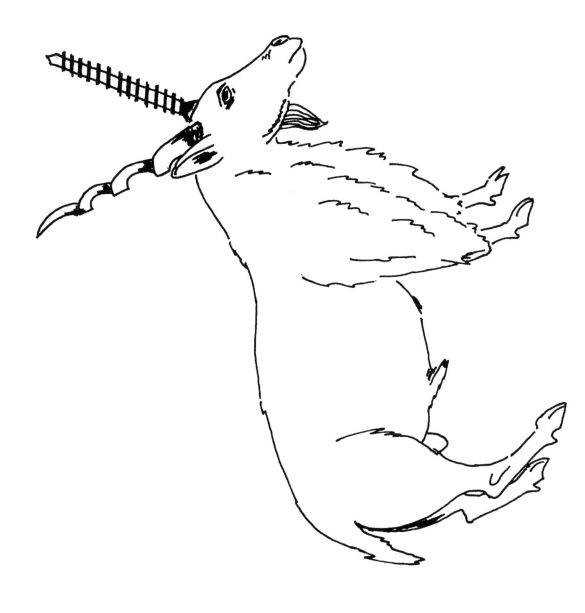

Schraubenziegenbock

Seekuh

Tanzbär

Löwe-Tiger

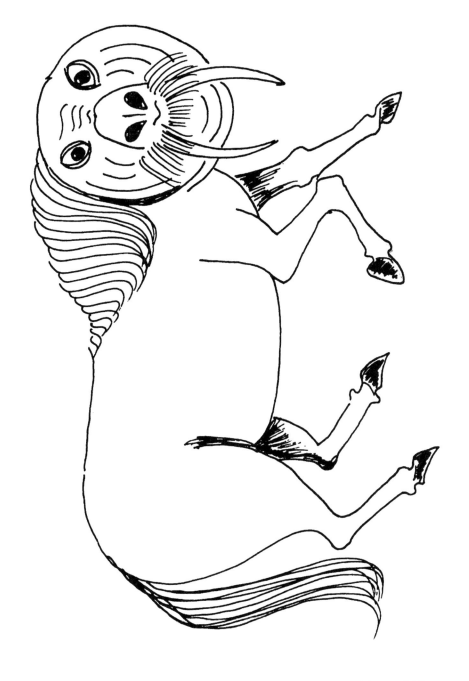

Walross

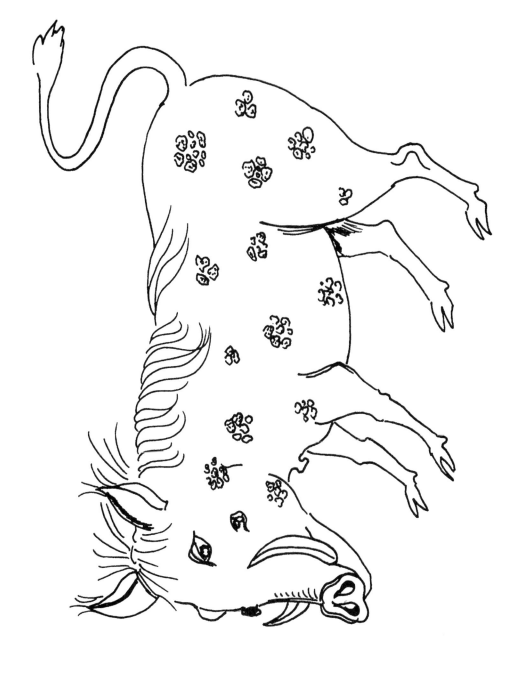

Warzenschwein 169

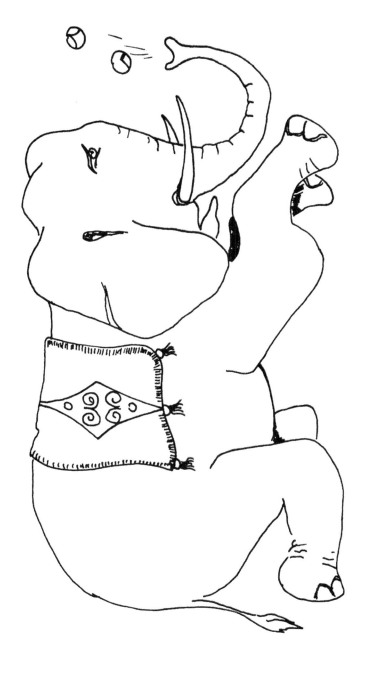
Zirkuselefant

Dreihorn

Gänseblümchengans

Pegasus 179

Uhrforelle 183

Fliegenpilz

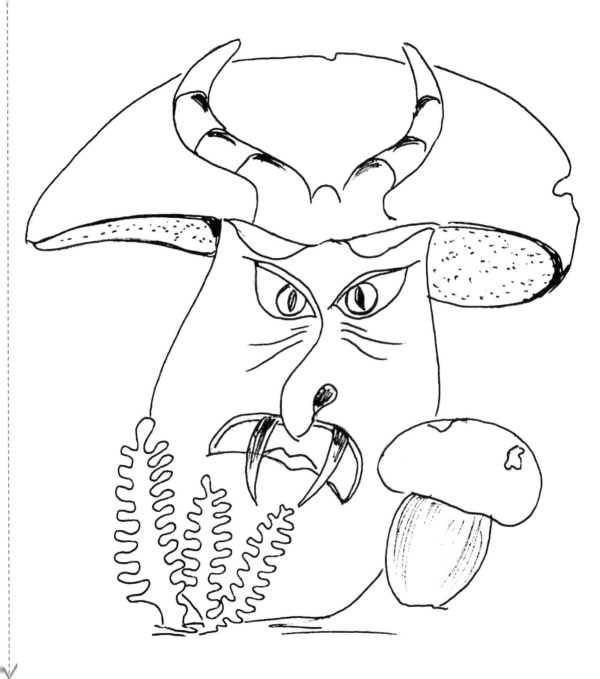

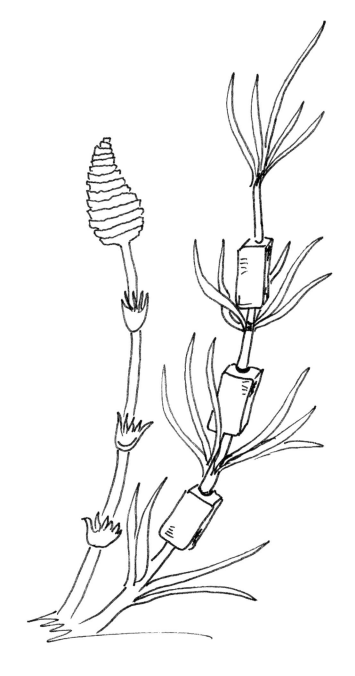

Ackerschachtelhalm

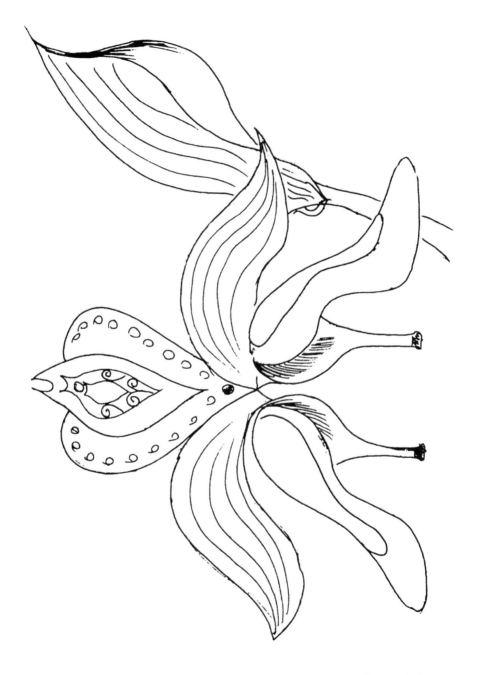

Frauenschuh

Glockenblume

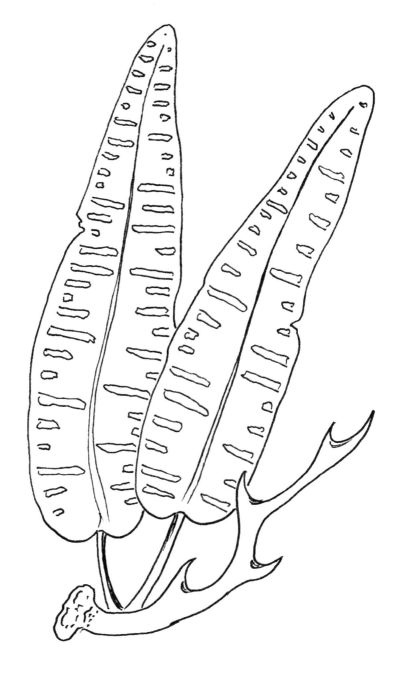

Hirschzunge

Krebsschere

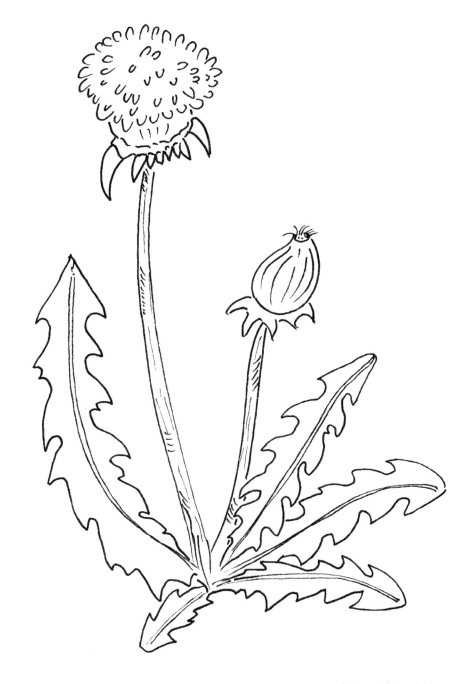

Löwenzahn 201

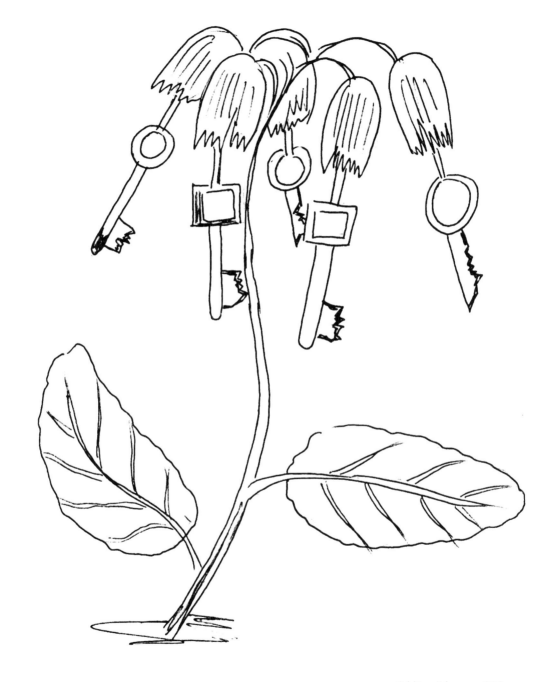

Schlüsselblume

Sibirische Schwertlilie

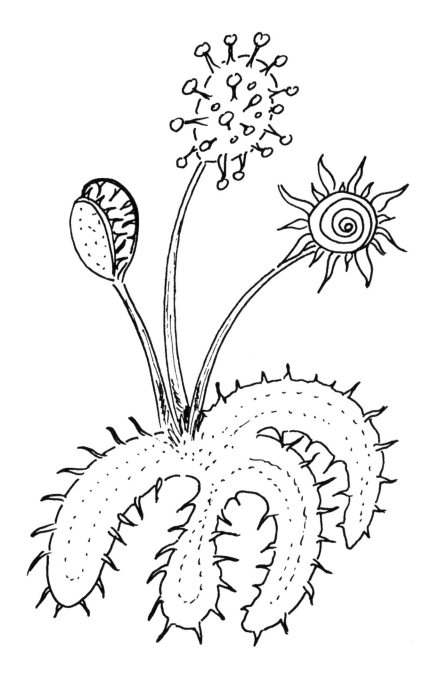

Und hier unser Überraschungsgast ...

Osterhase

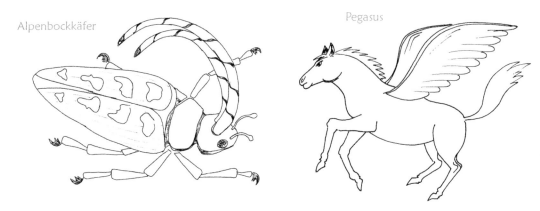

Alpenbockkäfer

Pegasus

Diese beiden haben das Malbuch erschaffen

Mag. Sigrun Eder ist glücklich in der Stadt und am Land leben zu dürfen. Als Kind hat sie ihre Katze im Puppenwagen spazieren gefahren, mit Meerschweinchen im Bett gekuschelt und ihrem Lieblingswellensittich Wurli das Reden beigebracht. Auch ihre Hasen und Kaninchen durften einige Kunststücke lernen. Inzwischen ist Sigrun selber doppelte Mama. Wie gut, dass Opa als Experte alle Kinderfragen zur Natur beantworten kann! Sigrun ist die Gründerin und Hauptautorin der SOWAS!-Buchreihe bei edition riedenburg. sigruneder.com

Gottlieb Eder ist pensionierter Lehrer, leidenschaftlicher Fliegenfischer und Geschichtenerzähler. Für seine Enkelkinder zeichnet der Naturschützer schon beim Frühstück und wird nicht müde, auch die verzwicktesten Kinderfragen zur Pflanzen- und Tierwelt zu beantworten. Abenteuerliches zu Wasser und zu Land hat Gottlieb Eder aufgeschrieben und bei edition riedenburg in autobiographischer Weise als „Wildes Reisen" und „Wildes Fischen" veröffentlicht.

SOWAS-Buch.de

Alle Titel im (Internet-) Buchhandel erhältlich

Band 1: „Volle Hose"
Einkoten bei Kindern: Prävention und Behandlung

Band 2: „Machen wie die Großen"
Was Kinder und ihre Eltern über Toilettenfertigkeiten wissen sollen

Band 3: „Nasses Bett"
Nächtliches Einnässen bei Kindern: Prävention und Behandlung

Band 4: „Pauline purzelt wieder"
Hilfe für übergewichtige Kinder und ihre Eltern

Band 5: „Lorenz wehrt sich"
Hilfe für Kinder, die sexuelle Gewalt erlebt haben

Band 6: „Jutta juckt's nicht mehr"
Hilfe bei Neurodermitis – ein Sachbuch für Kinder und Erwachsene

Band 7: „Konrad, der Konfliktlöser"
Strategien für gewaltloses Streiten

Band 8: „Annikas andere Welt"
Hilfe für Kinder psychisch kranker Eltern

Band 9: „Papa in den Wolken-Bergen"
Hilfe für Kinder, die einen geliebten Menschen verloren haben

Band 10: „Herr Kacks und das Pi"
So landen großes und kleines Geschäft direkt im Klo!

Band 11: „Woanders hin?"
Für Kinder, die nicht zu Hause wohnen

Band 12: „Felix und der Sonnenvogel"
Das Bilder-Erzählbuch für Kinder, die getröstet und beschützt werden wollen

Band 13: „Rosa und das Mut-Mach-Monsterchen"
Das Bilder-Erzählbuch für Kinder, die mutiger sein wollen

Band 14: „Wie war es in Mamas Bauch?"
Das Bilder-Erzählbuch für alle kleinen und großen Leute, die auf Zeitreise gehen wollen

Band 15: „Karim auf der Flucht"
Das Bilder-Erzählbuch für heimische Kinder und ihre neuen Freunde von weit her

Band 16: „Abschied von Mama"
Das Bilder-Erzählbuch zum Trösten und Erinnern für Kinder, die ihre Mama verlieren

Band 17: „Wilma und die Windpocken"
Das Bilder-Erzählbuch für alle Kinder, die Windpocken haben oder mehr darüber wissen wollen

Band 18: „Ade, geliebte Amelie!"
Das Bilder-Erzählbuch vom Älterwerden und Sterben

Band 19: „Willi Wunder"
Das Bilder-Erzählbuch für alle Kinder, die ihre Einzigartigkeit entdecken wollen

Band 20: „Was brauchst du?"
Mit der Giraffensprache und Gewaltfreier Kommunikation Konflikte kindgerecht lösen

Band 21: „Ilvy schläft gut"
Schlafen lernen mit System – inklusive Schlafprotokoll für 3 Wochen

Band 1 MINI: „So fliegt der Wuschelfloh aufs Klo!"
Die Geschichte vom Spatz, der endlich ohne Windel sein wollte

Band 2 MINI: „So gehen die Tiere groß aufs Klo!"
Mit dem Wuschelfloh auf Klo-Weltreise

Band 3 MINI: „Lotta geht schon aufs Klo!"
So schaffen es Kinder rechtzeitig auf die Toilette

editionriedenburg.at

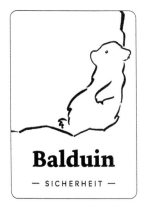

Emil Erdmännchen möchte mit seiner Familie und seiner Freundin Carla Chamäleon einen Ausflug zum himmlisch duftenden Beerenstrauch machen. Doch Carla Chamäleon hat keine Lust, und Emil Erdmännchen versteht nicht, wieso.

Bevor es zum Streit kommt, taucht Gino Giraffe auf. Was für ein Glück! Gino Giraffe erklärt Emil Erdmännchen und Carla Chamäleon ihre Bedürfnisse. Auch Mia Maus, Balduin Bär, Pedro Pfau, Martha Maulwurf und einige andere Tierkinder kommen sich mit dem, was sie brauchen, in die Quere. Gino Giraffe ist immer zur Stelle und zeigt ihnen, was genau für sie im Moment wichtig ist.

Das fröhlich illustrierte Bilder-Erzählbuch „Was brauchst du?" unterstützt Kinder dabei, Gefühle und Bedürfnisse zu erkennen, um für jeden eine passende Lösung zu finden. Die Gewaltfreie Kommunikation (GFK) hilft dabei, Konflikte zu lösen.

Zahlreiche Mit-Mach-Seiten zum Malen, Aufschreiben und Reden im Anschluss an die Geschichte befähigen junge LeserInnen dazu, sich selbst und andere besser zu verstehen.

Als Bonus-Material gibt es die Tiere und ihre Bedürfnisse zum Ausmalen und Ausschneiden. Auf Karton geklebt können Kinder so ihre eigenen Bedürfniskärtchen basteln und Lösungen für Konflikte finden.

SOWAS-Buch.de

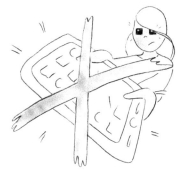

Ilvy geht in die Grundschule. Manchmal ist sie hundemüde und freut sich auf ihr kuscheliges Bett. An anderen Tagen ist sie viel zu aufgeregt, besorgt oder ängstlich, um einzuschlafen. Es kann auch vorkommen, dass Ilvy nachts von einem doofen Traum oder ihrer Katze Luna aufgeweckt wird. Dann ist es am allerschwersten für sie, wieder einzuschlafen.

Zum Glück hat Ilvy ihr Schlafschaf Lotti. Das hilft ihr beim Einschlafen. Und natürlich sind da noch Mama und Papa, wenn Lottis Einschlafhilfe nicht ausreicht.

Das Bilder-Erzählbuch „Ilvy schläft gut" richtet sich an Kinder ab sechs Jahren, die nachts besser einschlafen und durchschlafen wollen. Es unterstützt sie dabei, ihr Verhalten vor dem Zubettgehen bewusster wahrzunehmen und Wege zu finden, um garantiert besser zu schlafen.

Die Mit-Mach-Seiten im Anschluss an die Geschichte laden dazu ein, den eigenen Schlaf durch kreative Lösungen gezielt zu verbessern. Denn ein gesunder Schlaf ist wichtig für die psychische und physische Erholung, das Wachstum, das Immunsystem und das Gedächtnis. Und nicht zuletzt ist entspannter Kinderschlaf die beste Basis für entspannte Eltern, die nachts auch nur Eines wollen: ungestört schlafen.

Inklusive Schlafprotokoll für einen Zeitraum von 3 Wochen

SOWAS-Buch.de

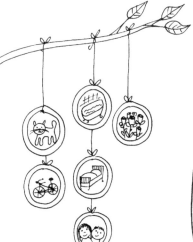

Hallo du!
Ich bin Annika und habe ein **Gute-Laune-Buch** für dich gemacht. Damit kannst du das ganze Jahr über gut gelaunt sein und auch deine Gedanken und Gefühle gut ordnen. Viel Spaß!

ACHTE AUF DEINE GEFÜHLE!

FÜHL DICH WOHL!

SOWAS-Buch.de